播音与主持艺术专业
考前辅导丛书
BOYIN YU ZHUCHI
YISHU ZHUANYE KAOQIAN
FUDAO CONGSHU

即兴评述高分范例

JIXING PINGSHU
GAOFEN FANLI

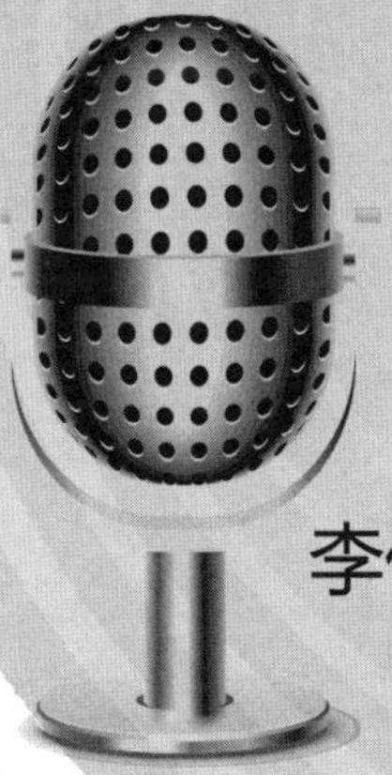

李俊文 田园曲 曾 毅 杨 兵◎编著

中国传媒大学出版社
·北京·

目 录

懒惰是很奇怪的东西，它使你以为那是安逸，是休息，是福气；但实际上它所给你的是无聊，是倦怠，是消沉；它剥夺你对前途的希望，割断你和别人之间的友情，使你心胸日渐狭窄，对人生也越来越怀疑。

——罗 兰

一个人的尊严和体面皆是来自于个人的奋斗。

——池　莉

第二部分 修养感悟类

和谁做朋友，和他的年龄、事业、家庭、背景无关，也和他的智商、聪明无关。能成为朋友，只要满足三点就可以：有共同的泪点，有一样的笑点，有相似的“饭点”。一旦和谁成了朋友，千万别觉得自己聪明对方傻，一旦觉得对方傻，好欺骗，友谊就快完了。

——马 丁

这个世界不是单为我一个人而存在的，没有道理要求这个世界处处为我显现出周到与温馨。

——刘心武

一个人又不可能有许多朋友。所谓朋友遍天下，不是一种诗意的夸张，便是一种浅薄的自负。热衷于社交的人往往自诩朋友众多，其实他们心里明白，社交场上的主宰绝不是友谊，而是时尚、利益或无聊。真正的友谊是不喧嚣的。

——周国平

第三部分　校园生活类

生活的有趣还在于，你昨日的最大痛楚，极有可能会造就你明日的最大力量。

——德鲁·巴里摩尔

第四部分 时事热点类

从现在起，我开始谨慎地选择我的生活，我不再轻易地让自己迷失在各种诱惑里。我心中已经听到来自远方的呼唤，再不需要回过头去关心身后的种种是非与议论。我已无暇顾及过去，我要向前走。

——米兰·昆德拉

第五部分 社会生活类

人生的前期，要是你越嫌麻烦，越懒得学，后来就越可能错过让你动心的人和事，错过新风景。

——蔡康永

第六部分 文化娱乐类

别撕书，别撕卷子，别撕笔记，留好。二十年后，你会再次从箱子里无意中翻到这些东西，蒙尘已久。你一屁股坐在地板上，一边收拾一边翻看。笔迹略有褪色，曾经的厌恶褪得更干净，里面每一行字都能让你想起点什么。曾经的生活就这么被一点点拼回来，一个下午也许就这么荒废了，但你会很开心。

——马伯庸

第七部分 播音主持类

永远不要弄破四样东西：信任、关系、诺言和心，因为它们破的时候不会发出任何声响，却异常痛苦。

——查尔斯·狄更斯

第一部分

名言警句类

01 微小的力量

每个人都有自己的梦想，而梦想需要我们一步步用坚实的步伐实现它。因为，任何伟大梦想的实现都来源于生活中微小细节的改变。

车洪才是中国传媒大学国际传播学院特聘教授，他用了36年的时间，编制出一部250万字的《普什图语汉语词典》。1975年，国务院召开全国辞书工作会议，决定花10年时间出版160种中外语文词典，其中包括《普什图语汉语词典》。1978年，商务印书馆将编写工作交给了车洪才，2014年，当78岁的车洪才教授走进商务印书馆交付成果时，已无人记得这项"被遗忘的国家任务"。

36年，在漫长的历史长河中，也许只是短暂的一瞬间，但对于一个人来说，却是近半辈子的光阴。词典编纂工作烦琐而枯燥，不仅耗费时间，而且没有任何经费支持。普什图语涉及很多农业词汇及宗教内容，十分复杂，一个圈点的差别就完全是两个字，非常考验老人的视力。翻译一个词语，需要了解当地的宗教、社会、历史，还要融入这个词语使用的语境，最后才能判断出它最准确的意思。在这36年里，车洪才教授从零开始，和他的同事宋强民一起，整理出了5.2万个词条、15万张卡片，足足装了30多个箱子。

普什图语是阿富汗的官方语言，了解的人并不多，在我国，目前掌握这种语言的人不到100位，这本词典是典型的小众图书。但车洪才教授并不因为这些"小"而不为，以"十年磨一剑"的精神编纂出这部词典，为中国和阿富汗两国的交流架起了语言的桥梁。

36年、250万字、5.2万个词条、15万张卡片，这些让人震撼的数字，带给我们的不仅仅是感动，更是对微小的力量的生动诠释。

我们都生活在阴沟里，但是仍有人仰望星空，这就是希望。

——王尔德

02 合理安排时间，等于节约时间

合理安排时间，等于节约时间。顾名思义，就是在有限的时间内，最大限度地利用时间，提高工作效率，减少对时间的浪费。可见，合理安排时间是十分重要的。

合理安排时间，首先就要“今日事，今日毕”。一项调查显示，大约75%的大学生认为自己有“拖延症”，50%的人认为自己做某一件事情一直在拖延，总是想着什么事情都放到明天，或者放到后面，结果安排时间越来越晚，直到事情堆积得像山一样，才发现自己无能为力。如果你有过这样的习惯，就一定要想办法改正，做事前定好闹钟，有一个时间观念，提前制订好计划，清楚自己应该做什么，把时间细化。

其次，做事情要分清轻重缓急，拖泥带水、慢吞吞地做事是很耽误时间的。比如，写作业和预习第二天上课的内容相比较，一定是写作业更重要些，所以应该先完成作业再预习。在生活中，许多事情如同写作业和预习一样，需要你安排好先后顺序。

鲁迅曾说过：时间，就像海绵里的水，只要你挤，总是有的。他12岁在绍兴城读私塾的时候，父亲正患着重病，两个弟弟尚年幼。鲁迅不仅经常上当铺、跑药店，还得帮母亲做家务。为避免影响学业，他将时间安排得井井有条，不但没有荒废学业，还取得了优异的成绩。

“逝者如斯夫，不舍昼夜。”“时间就是生命，时间就是金钱。”古今中外关于节约时间的名言太多太多，可见合理安排时间的重要性。最大限度地利用时间，就等于节约时间。

运动中的赛跑，是在有限的路程内看你使用了多少时间；人生中的赛跑，是在有限的时间内看你跑了多少路程。

——冯骥才

03 纸上得来终觉浅，绝知此事要躬行

“纸上得来终觉浅，绝知此事要躬行。”这句话出自陆游的《冬夜读书示子聿》一诗，意思是说，从书本上得到的知识终归是浅显的，如果要想认识事物的本质，就得自己去亲身实践，去探索发现。

毛泽东曾说过：“读书是学习，使用也是学习，而且是更重要的学习。”大凡有作为的人，都注重读书与实践的结合。为了完成《本草纲目》的写作，李时珍历尽千难万险，白天深山采药，晚上对每一株药草，从产地、栽培到苗、茎、叶、根、花果以及气味、功能等进行仔细研究。李时珍辛勤劳动近20年，写下了数百万字的笔记，经过几十遍的反复修改，终于在60岁时完成了他的巨著《本草纲目》。这本书内容极其丰富，是我国药物学的宝贵遗产，对后世药物学及中医的发展作出了巨大贡献。

如果学习的知识仅仅停留在书本上又会怎样呢？战国时期的赵括，自己从小就学习兵法，谈论用兵打仗的事，没有人能敌得过他。结果，在长平之战中，他只知道根据兵书用兵，不知变通，贸然进攻，结果被秦军打败。

知易行难，读书固然很重要，但更重要的是践行。只有行动起来，我们才能更加深刻地理解书本知识，并在实践中巩固和拓展书本知识。如此一来，才能真正做到知行合一，学以致用。

04 得之淡然，失之坦然

有得必有失，两者是辩证统一的关系。有得有失，人生才有滋味。

很久以前，在靠近长城的地方有一位老人，他的马无缘无故地跑到了胡人的驻地，邻居们为此都来安慰他。老人却说：“这怎么就不是一件好事呢？”过了几个月，他的马领着胡人的马回来了，邻居们都前来祝贺他。他又说：“这怎么就不是一件坏事呢？”他的儿子喜欢骑马，结果从马上掉下来摔断了大腿，人们又前来安慰

许多人整天找一百个理由证明他不是懦夫，却从不用一个理由证明他是勇士。

——李　敖

他。老人说：“这怎么就不是一件好事呢？”过了一年，胡人大举入侵长城一带，健壮男子都被征兵去作战，绝大多数都战死了，唯独这位老人的儿子因为腿瘸免于征战，父子俩一同保全了性命。这个故事说明，凡事都无绝对，福祸相倚相生，我们应正确面对生活中的好与坏、得与失。

在一次学术报告会议结束后，一名女记者登上讲堂，在向著名物理学家斯蒂芬·霍金表达了敬仰之情后，突兀地问道：“霍金先生，您一直坐在轮椅上，您不觉得命运让你失去了很多东西吗？”此时全场一片寂静，霍金却微笑依旧，用手指敲击了几下键盘，于是屏幕上出现了这样一句话：“我有始终追求的理想，还有我爱和爱我的亲人和朋友。对了，我还有一颗感恩的心。”全场掌声经久不息。

霍金失去了健全的体魄，却依靠自己的智慧和科学成就赢得了世界的尊重。在得失之间找到了属于自己的生命的平衡，这便是得之淡然，失之坦然的最好注解吧。

05 沉默是金

生活中我们常说：沉默是金。的确，“沉默是金”是一句很朴素的话，却蕴含着耐人寻味的道理。沉默并不是无言、不讲话，而是希望人们深思熟虑，三思而后行。

美国纽约国际银行在刚开张之时，曾做过这样一件事情：一天晚上，全纽约的广播都在播放节目，突然间，所有广播都在同一时刻向听众播放一则通告，“听众朋友，从现在开始播放的是由本市国际银行向您提供的沉默时间”。紧接着，整个纽约市的电台就同时中断了10秒钟，不播放任何节目。一时间，纽约市民对这个莫名其妙的10秒钟议论纷纷，于是“沉默时间”成了纽约市民茶余饭后的热门话题，纽约国际银行的知名度迅速提高，很快便家喻户晓。

生活中也是一样，朋友之间可能因为对方的一句话而翻脸，可能当时自己有情绪，话说得不妥当，自己没意识到却伤害了别人。所以我们在说话前，一定要三思，如果说还不如不说，那就保持沉默吧。有很多人，在一些场合为了展示自己而

我来不及认真地年轻，待明白过来时，只能选择认真地老去。

——三 毛

夸夸其谈，自己意识不到，但周围的人却早已感到厌烦，不仅有损自己的形象，而且会让别人觉得你很肤浅，所以这个时候谨记“沉默是金”。

沉默，不是不言，而是三思而语，合理的沉默是一种修养，也是为人处世的一种方法，减少争吵，减少误会，何乐而不为呢？

06 没有规矩，不成方圆

“没有规矩，不成方圆。”这句话出自《孟子》。这句话揭示了一个重要的道理，那就是做任何事情都要有规矩、懂规矩、守规矩。只有这样，我们的社会才能有良好的秩序。

任何一项竞技体育都有一套严格的比赛规则，这是确保选手们公平竞赛的基础和前提。任何一个规则的发展都是从无到有、从漏洞百出到严密规范，奥运赛场上的规则也是如此。在1904年美国圣路易斯奥运会上，由于没有统一的规则，在撑杆跳高场地上，运动员的过杆动作五花八门。日本选手富士佐间代第十个出场，他没有像其他运动员一样先进行一段助跑，而是径直扛着撑杆站到沙坑前，撑杆一端被深深地插入沙堆。就在裁判员和众人不知道他要干什么的时候，他突然施展起“爬杆绝技”，轻松地爬到顶端后，越杆而过，全场一片哗然。裁判委员会经过紧急磋商，判富士佐间代违例，同时作出撑杆跳高必须先有一段距离助跑的规定。但这项规定并没有难倒富士佐间代，只见他拿起杆子，慢吞吞地助跑了几步，又沿着杆子向上爬。裁判委员会不得不再次作出撑杆跳高时运动员不得交替使用双手抓握撑杆的补充规定，这项规定也沿用至今。

生活是条五彩路，规则就像交通标志一样，通过图形、符号、颜色、文字，向行人传递特定信息。只有我们每一个人都遵守规则，才能构建一个有序、和谐的社会。

一帆风顺也是一种乏味，主要还是看结局，结局可观，过程有些起伏将来都是谈资。

——王 朔

07 赠人玫瑰，手留余香

赠人玫瑰，手留余香。顾名思义，就是说你将快乐分享给别人的同时，也得到了分享别人快乐的机会。年轻时穷困潦倒的作家马尔克斯，每天生活在一个吵闹的旅店里，老板妻子不愿收留这个落魄者，老板却执意让根本付不出账的马尔克斯留下。善良和蔼的老板给了这个潦倒作家安身之所，虽然数月后马尔克斯悄然离开，但是不久，他带着自己的著作《百年孤独》、不尽的谢意和大笔稿费回到了旅店。《百年孤独》乃旷世名作，仅凭这笔稿费，马尔克斯就可以安享晚年。善意可以照亮人心，这朵玫瑰，芳香永存。

雷锋一直以来都是人们学习的榜样，他不求回报地帮助他人，用双手将玫瑰送向四方。他在收获快乐的同时，也收获了人们的尊敬，就像苏联作家高尔基对他儿子说的话一样，“给”永远比“拿”快乐。

生活中，也许我们不能帮助别人太大的事情，但可以随手做一些自己力所能及的小事：在公交车上，给行动不便的老人或带孩子的家长让个座位；在网络上，随手传递爱心，只需点击鼠标，就可能帮到一个需要帮助的人。

小小的善举，并不需要我们付出很大代价，却能换来很多美好。学会为社会做点事，为他人做点事，美好的生活就是在点点滴滴中创造的。赠人玫瑰，手留余香，当世界充满爱和善举时，我们每个人都会得到幸福的分享。

08 宝剑锋从磨砺出，梅花香自苦寒来

“宝剑锋从磨砺出，梅花香自苦寒来。”这句话出自明朝的《警世贤文》，意思是宝剑之所以锋利，是因为经过了艰苦卓绝的磨砺；梅花之所以有香气，是因为经历了雨雷风霜。生活中，我们会遇到各种各样的困难和问题，抱怨和眼泪是没有用的，只有笑对挫折，善于把不利条件转化为有利条件，才能摆脱失败，走向成功。

我们并不缺少发展所需要的科学与技术，但我们内心深处依然缺少些什么，一种真正的心里温暖的感觉。

——昂山素季

邓亚萍是乒乓球历史上最伟大的选手之一，她先后获得14次世界冠军，是排名世界第一时间最长的乒乓球女运动员。出身于乒乓球世家的邓亚萍5岁时就开始学打乒乓球，因为个子太矮被河南省队排除在外，只好进入郑州市队。10岁时，她便获得全国青少年乒乓球比赛冠军，13岁就夺得全国冠军，15岁时获亚洲冠军，16岁时在世界锦标赛上成为女子团体和女子双打的双料冠军，19岁在巴塞罗那奥运会上又勇夺女子单打和双打冠军，成为名副其实的世界乒坛皇后。

身高只有1米55的邓亚萍在乒乓球运动中没有优势，要想获得成功，她必须加倍苦练。每天训练结束后，她往往主动给自己加练一到两个小时，总是最后一个离开训练馆。训练时，她将沙袋绑在双腿上，两名教练将球连珠炮似的打来时，邓亚萍每次都是瞪大眼睛，一丝不苟地接球，每天接打球达到1万多个。每一次训练课结束，汗水都会浸透她的衣服、鞋袜，有时甚至连地板也会被浸湿一片。她的出色成就，改变了世界乒坛只在高个子中选拔运动员的传统观念。

无论是赛场还是人生，面对艰难的挑战，唯有咬紧牙关默默坚持，才能看见希望的曙光。与其抱怨眼前泥泞，不如耕耘未来花香。

09 团结就是力量

相传释迦牟尼曾问弟子：“一滴水怎样才能不干涸?”弟子们冥思苦想，都回答不上来。释迦牟尼说：“把它放到江河海洋里去。”这句话揭示了一个深刻的道理：一个人离不开集体，只有团结互助的集体才会有无穷的力量；反之，如果不团结，即使有再大的力量也会枯竭。

从前，有两个饥饿的人得到了一位长者的恩赐：一根鱼竿和一篓鲜活的鱼。于是，一个人要了一篓鱼，另一个人则要了一根鱼竿，然后他们便分道扬镳了。得到鱼的人在原地用干柴搭起篝火煮起了鱼，他狼吞虎咽，还没有品出鲜鱼的肉香，就连鱼带汤吃了个精光。不久，他便饿死在空空的鱼篓旁。另一个人则提着鱼竿忍饥挨饿，一步一步艰难地向海边走去，可当他看到不远处那片蔚蓝色的海洋时，他身上的最后一点力气也用完了。另外两个饥饿的人，同样得到了长者恩赐的一根鱼竿

你所站立的那个地方，正是你的中国。你怎么样，中国便怎么样。你是什么，中国便是什么。你有光明，中国便不黑暗。

——崔卫平

和一篓鱼。只是他们并没有各奔东西，而是商定共同去找寻大海。他俩每次只煮一条鱼，经过长途跋涉，来到了海边。从此，两人开始了以捕鱼为生的日子，几年后，他们盖起了房子，有了各自的家庭、子女，有了自己建造的渔船，过上了幸福安康的生活。

一滴水是微不足道的，渗入泥土，便会消失不见，可汇聚成河却能川流不息。一个人，在困难面前，总是单薄无助的，可当我们团结起来，就可以拥有无穷的力量和创造奇迹的可能。

10 天下兴亡，匹夫有责

“天下兴亡，匹夫有责”的原句是：“保国者，其君其臣肉食者谋之；保天下者，匹夫之贱与有责焉耳矣。”意思是说，国家的兴亡，保护国家不致被倾覆，是帝王与文武大臣的职责，与普通百姓无关；而天下大事的兴盛、灭亡，每一个老百姓都有义不容辞的责任。

在历史上，一代名臣岳飞精忠报国，征战沙场，不顾个人安危，只求天下太平；文天祥即使被俘也宁死不屈，留下了“人生自古谁无死，留取丹心照汗青”的慷慨之词；荆轲为了阻止秦国吞并燕魏等六国，毅然前行刺杀秦王，在易水之畔高吟“风萧萧兮易水寒，壮士一去兮不复还”。他们都用自己的行动向我们诠释着“天下兴亡，匹夫有责”的赤子情怀。

在21世纪，也许不需要我们用生命去保卫祖国，但“天下兴亡，匹夫有责”的精神我们一定不能忘记。大到国家，小到学校，我们都应该要有责任意识：认真完成老师安排的学习任务，为班级做事情时认真负责；犯了错误能够主动承担责任，对自己的行为负责，并能主动弥补自己的过失；在家里帮父母做一些力所能及的家务事，自己的事情自己做；在社会上，遵纪守法，遵守社会公德。这些都是“天下兴亡，匹夫有责”的表现。

11 与其临渊羡鱼，不如退而结网

考上一所理想的大学，可以说是每个高中生的梦想。要实现这个梦想，光靠憧憬是不可能的，唯有靠自己踏踏实实地勤奋学习。

生于1982年的甘相伟来自湖北农村，曾经的梦想是成为北京大学的学生。然而，因家境贫寒、高考失利，他在大专毕业后南下广州打工。2007年年初，心中的读书梦再次燃起，他来到北京，和众多学子一起走进了梦寐以求的燕园。不同的是，甘相伟成了北大西门的一名保安。生活在燕园，行走在未名湖畔，甘相伟贪婪地享受着北大的人文氛围。工作之余，他溜进课堂蹭课、听名师讲座、泡图书馆……2008年，他参加了成人高考，并以高出录取分数线60分的成绩成为北大成教院中文系的本科生。从此，甘相伟开始了半工半读的生活。站在岗亭里，他是北大保安；走进课堂，他是北大学生。在北大期间，甘相伟总是随身带着纸笔，有了灵感就记录下来，然后整理成文。几年里，他陆续写了几百篇文章。2012年6月，他的第一本书《站着上北大》正式出版，北大校长周其凤为这本书作序，并称赞说，这种努力进取的精神令人钦佩。

甘相伟走过贫寒、走过抱怨、走过自卑，最终圆梦北大。对于穿着保安制服的他来说，每天看着来来往往的北大学子，不无羡慕。他梦想着有一天也能成为他们中的一员，然而在很多人看来，这是很难实现的“白日梦”。但甘相伟不只是“临渊羡鱼”，更“退而结网”，他坚守理想，努力奋斗，最终破茧成蝶，“逆袭”人生。

对于即将参加高考的我们来说，正处在人生的最好阶段，只有立即行动起来，才有可能实现心中的梦想。

12 百学须先立志

南宋著名的理学家、思想家朱熹告诫我们：“百学须先立志。”这句话的意思

可进可出，若即若离，可爱可怨，可聚而不会散，才是最天长地久的一种好朋友。

——三　毛

是说，做任何学问都必须先立下远大的志向。

周恩来12岁那年，因家里贫困，只好离开苏北老家，跟伯父到沈阳去读书。一次，校长来给大家上课，问同学们：“你们为什么读书？”有的说：“为明礼而读书。”有的说：“为做官而读书。”有的说：“为父母而读书。”有的说：“为挣钱而读书。”当问到周恩来的时候，他清晰有力地回答：“为中华之崛起而读书！”校长震惊了，他没料到，一个十几岁的孩子，竟有这样大的志气。周恩来在青少年时期就树立了为中华之崛起读书的志向。以后，也是为了这个目标，他忘我地工作，为国家无私地奉献了毕生精力。

柳公权，从小就在书法方面显示出过人的天赋。他写的字在家乡远近闻名，渐渐地，他开始变得骄傲自满。直到有一天，他遇到了一个老人，看到老人写的字比他的字还要好，他才明白天外有天，人外有人。更让他惊讶的是老人并没有双手，而是用脚写字。从此，他时时把“戒骄”记在心中，勤奋练字，虚心学习，终于成为一代书法名家。

一个人没有理想，生活就会没有重心。为自己建立一个正确的目标，朝着这个目标去努力，生活就会充实而有意义。一个人有了远大的理想，即便是在最困难的时候，也会感到幸福。

13 生活的理想，是为了理想的生活

无产阶级革命家张闻天说：“生活的理想，是为了理想的生活。”这是一句很值得我们深思的话。理想有很多种，有事业理想、家庭理想、学习理想、社会理想……这些理想大致说来，都属于生活的理想。

什么样的理想才算是真正的生活的理想呢？于丹在《论语心得》中说：“理想之道就是给我们一个淡定的起点，给我们一点储备心灵快乐的资源。”所以，真正的生活的理想是那些能够为我们带来精神愉悦，让心灵变得轻盈，让生活变得轻松的理想，而不是那些沉重、遥远的理想。

年轻时的司马迁，遵从父亲遗嘱，立志要写成一部能够“藏之名山，传之后

人”的史书。就在他着手写这部史书的第七年，发生了李陵案。司马迁为李陵辩白，触怒汉武帝，被捕入狱，遭受残酷的“宫刑”。受刑之后，司马迁曾因屈辱痛苦打算自杀，可想到自己写史书的理想尚未完成，于是忍辱奋起，前后共历时十八年，终于写成《史记》。这部伟大著作共计五十二万余字，开创了我国纪传体通史的先河。这本书史料丰富而翔实，历来受人们推崇。鲁迅曾高度评价《史记》：“史家之绝唱，无韵之离骚。”

“春有百花秋有月，夏有凉风冬有雪，若无闲事挂心头，便是人生好时节。”一个人以自身人格的完善为前提，清楚而智慧地规划未来，就不会在生活中迷失自己，就能时时处处体会到人生的好时节。

14 家和万事兴

人们常说：“家和万事兴。”确实如此，不论是一个家庭，一个民族还是一个国家，家和万事兴都是永恒不变的真理。

妻贤福星广，母慈儿孝敬，和和美美，团团圆圆，有什么能够比天伦之乐更让人从心灵深处感觉到幸福的呢？在“家”的概念里，最重要的就是亲情。在我们的人生旅途中，相伴最多的就是亲情。永远割舍不断，也舍弃不了的是从一出生就陪伴着我们的亲人。

电视剧《家有儿女》中塑造了一个非常和睦的家庭，虽然有时候他们也会打打闹闹，但更多的时间这个家还是充满了欢声笑语。爸爸夏东海知识渊博、诙谐幽默；妈妈刘梅敬老爱幼、尽职尽责；小雪聪明伶俐，刘星调皮捣蛋，小雨活泼可爱。看完整部电视剧，我总觉得意犹未尽，还想再看上几遍，因为他们的家庭实在是太有趣了。我想那样的生活状态就是对“家和万事兴”这句话最好的诠释。

和睦的家庭关系有利于自己的人生梦想早日实现。从某种角度来讲，家庭是我们一生中接触最多、生活时间最长的地方，建设一个温馨和谐的家庭是社会

我并不特别喜欢旅游，只喜欢和喜欢的人一起，到什么地方都无妨。

——林　夕

的需要，也是每个家庭成员的共同责任。孔子曾说：“弟子，入则孝，出则悌，谨而信，泛爱众，而亲仁。”这是将家庭和谐与社会和谐高度统一的精辟概括。理想的家庭生活无非是以下几个方面：居家安宁、饮食健康、婚姻美满、儿女成长、事业有成等。这也体现了人们对小康生活的理想追求。构建人与自然和谐相处的社会，一定要加倍重视社会的基本细胞——家庭的和谐。

15 三个和尚没水喝

“一个和尚挑水喝，两个和尚抬水喝，三个和尚没水喝。”这是大家都知道的一个寓言故事。“三个和尚”之所以“没水喝”，是因为他们互相推诿、不讲协作。由此可知，只有依靠团队的力量，才能超越个体的局限，发挥集体的协作作用，产生“1+1>2”的效果。

微软公司创始人比尔·盖茨曾说过：“在一家员工整体素质较高的公司，如果大家能够有效地协作，公司就能走向成功的道路。在这个氛围下，即使是那些新来的、不太有经验的员工也会因此被带到一个更高的水平上。”

蚂蚁在我们眼里很渺小，但它们是世界上最讲团队精神的生物。一位旅行家在南美洲草原上，目睹了这样一个令人震惊的场面：夏日正午，一片临河的草丛突然起火，呼呼直蹿的烈火形成了一个火圈，向草丛中央的一个丘陵包围过去。丘陵上无数的蚂蚁被逼得节节后退，似乎除了葬身火海已别无选择。但是就在此时，出人意料的场面出现了，只见蚂蚁迅速聚拢，抱成一团，形成一个黑色的“蚁球”冲进火海。烈火将外层的蚂蚁烧得噼啪作响，然而“蚁球”却越滚越快，终于穿过火海，冲进小河，河水把“蚁球”卷向岸边，使大多数蚂蚁绝处逢生。

蚂蚁是这个世界上最弱小的生物之一。面对危难，它们没有任何还手之力，唯一的办法，就是靠团结来弥补个体的劣势。蚂蚁临危不惧、牺牲自我、拯救集体的精神，是值得我们学习和肯定的。

每个人都是社会的一员，没有谁能孤军奋战一生，所以在成长的过程中，我们

你如今的气质里，藏着你走过的路，读过的书，爱过的人。

——周宏翔

既要自立自强，也要学会和他人团结合作，唯有如此，才能在竞争激烈的社会中站得更稳，走得更远。

16 博观而约取

苏轼语：“博观而约取，厚积而薄发。”“博观”就是通过“读万卷书”的方式，从别人的实践中获得间接经验；通过“行万里路”的方式，从亲身实践中获得直接经验。“约取”就是将获得的知识和经验去粗取精、去伪存真，使其成为自己的东西。

古今有识之士，治学都很注重“博观而约取”。观而有选，取而有择，有的放矢，唯真是取。要做到博观而约取，首先要能识精。这就要对所观之书熟读精思，反复玩味，慧眼识珠，知其精义。

许多书，并非字字珠玑，句句真理，而是玉瑕共存，精粗混杂。因此读书时，我们必须认真思考，去粗取精，去伪存真，越是博览，越要慎取、精取。否则，那就是“尽信书，不如无书”了。

英国文学家柯尔律治说：有的人像滤豆浆的布袋，豆浆都流了，留下的是豆渣；有的人好像是计时的沙漏，注进水，流出来，到头来一点痕迹也没留下；有的人像海绵什么都吸收，挤一挤，流出来的东西原封不动，甚至还弄脏了些；还有的人像是宝石矿床的苦工，把矿渣扔在一边，只拣纯净的宝石。这比喻形象贴切，给人启迪。

有些人读书不懂“约取”之道，或如“布袋”，取粗去精；或如“沙漏”，不留痕迹；或如“海绵”，什么都吸收。如此阅读，效果可想而知。我们读书应当像宝石矿床的苦工那样，辨明瑕玉，扔掉“矿渣”，只取宝石。

一个人应该至少拥有一个梦想，有一个理由去坚强。心若没有栖息的地方，到哪里都是在流浪。

——三　毛

17 路遥知马力，日久见人心

无数事实证明，世界上最宝贵的东西不是金银财宝，而是时间。时间考验人心，也滋养人心，让人心扎根生长，让人心天长地久。

丢勒和奈斯丁是一对好朋友，他们都是奋斗中的画家。由于贫穷，他们必须半工半读才能继续学业。因为工作占用他们许多时间，所以两个人的画艺进步得都很慢，最后两个人决定以抽签的方式决定一个人去工作来维持两人的生活，另一个人则全心全意学习艺术。

丢勒赢了，得以继续学习，而奈斯丁则辛勤工作，赚取两个人的生活费。他们约定，如果丢勒学有所成，就支持奈斯丁学习艺术。但丢勒发现，奈斯丁为了支持自己而辛勤工作，以致手指变得僵硬扭曲，再也不能灵敏地使用画笔了。

虽然奈斯丁想成为艺术家的美梦已不可能实现，但他却并不为此感到难过，反而为丢勒的成功而高兴。有一天，丢勒在未预先告知的情况下去拜访奈斯丁，意外地发现他正合着多瘤节的手，跪在地上，安静地为朋友的成功祷告。丢勒赶快描绘了他的这位忠心朋友的双手，这幅画后来成为举世闻名的画作《祷告的双手》。这幅画的背后是一感人的故事，告诉人们什么是爱心与友谊，以及真正的朋友是如何相互鼓励，给予彼此力量的。

白居易诗云，“试玉要烧三日满，辨才须待七年期”，看一个人不是一朝一夕的事情，愿我们所有的真情实意都能在时间中酝酿出美好。

18 得道多助，失道寡助

“得道多助，失道寡助”的意思是：合乎正义者能得到多方面的支持与帮助，违背正义者会陷入孤立无援的境地。

晚清名臣曾国藩因军事需要要选拔一人做水师统领，有人推荐了彭玉麟。曾

当你做某件事的时候，一旦想要求快，就表示你再不关心它，而想去做别的事。

——罗伯特·M.波西格

国藩不知彭玉麟是谁，推荐人讲了彭玉麟的一件事。早年彭玉麟为生计曾在当地富翁杨江的当铺做工，后来战乱四起，太平军攻城，杨江携带一家老少逃命去了。逃走前把当铺交给了彭玉麟，并告诉他，不论当铺是好是坏都是他的了。彭玉麟呕心沥血，在动乱中奇迹般地壮大了当铺。局势好转，杨江又回来了，彭玉麟把当铺还给了杨江，分文未取。彭玉麟的义举在当地传为佳话。曾国藩知道后便亲自登门拜访，请彭玉麟到湘军任职。彭玉麟果然不负众望，成为一代名将。

彭玉麟仁义在先，赢得人们的称赞，于是有人推荐他，曾国藩也赏识他，这就是得道多助。你善良、仁义，就会让人觉得可信、可靠，别人才会热心帮助你。

纵观古今，这个道理在不断得到验证：周武王讨伐商，商纣王失道寡助；陈胜、吴广起义，秦二世失道寡助；元顺帝失道寡助，朱元璋率领的红巾军得道多助；二战期间，德意日三国失道寡助，美英中等抗战国得道多助赢得最终胜利；解放战争中，解放军得道多助建立了一个崭新的中华人民共和国。

有哲人说过：“几何以直线为短，修身以正直为好。”始终保持正直的高贵品质，堂堂正正地做人做事。这就是“得道”，就能拥有强大的人格魅力，即使自己陷入了困境中，也能获得帮助。

19 人无远虑，必有近忧

“人无远虑，必有近忧”，这句话告诫我们做事情，一定要提前做好长远的打算，防患于未然。

春秋时期，晋国为攻打虢国，向虞国借道。晋王采纳大将荀息的建议，送了许多玉石与宝马给虞王。虞王不认同邻国之间就是嘴唇与牙齿的关系的观点，收下了礼物，允许晋国借道攻虢，结果晋灭虢后三年就消灭了虞国。

留有退路，才有出路。中国上下五千年文明中，远虑和近忧的故事不计其数。《黄帝内经》里有这样一个故事：战国时期，魏文王问名医扁鹊：“你家兄弟三

人的一生应该走进荒野，体验一次健康又不无难耐的绝对孤独，从而发现只能依赖绝对孤单一人的自己，进而知晓自身潜在的真实能量。

——村上春树

人，都精于医术，到底哪一位最好呢？”扁鹊回答说：“长兄最佳，中兄次之，我最差。”文王又问道：“那为什么你最出名呢？”扁鹊说：“长兄治病，于病情发作之前，一般人不知道他事先能铲除病因，所以他的名气无法传出去；中兄治病，于病情初起时，一般人以为他只能治轻微的小病，所以他的名气只及本乡里；而我是治病于病情严重之时，一般人看到我下针放血、用药，都以为我医术高明，因此名气响遍全国。”虽然“治欲病”“治已病”已属不易，但行医最高的境界也是最难做到的莫过于“治未病”了，也只有及早地“治未病”，才能防止“欲病”与“已病”。

生活中也是如此，不论面对任何事，我们都应该做最坏的打算，尽最大的努力，有长远的目光，而不是等到出了问题时束手无策。

20 我们的骄傲多半是由于我们的无知

牛顿与爱因斯坦等科学大师在登上了科学巅峰之后，仍然对大自然充满了敬畏，他们不仅具有容人的风度和接受批评的雅量，在对人的态度上也十分谦逊。其实，人世间博学多才的人，大都懂得以谦卑的态度待人。相反，那些一知半解的人常常态度傲慢、藐视他人。

据传，19世纪的法国画家贝罗尼有一次到瑞士去度假，每天仍然背着画架去写生。有一天，他在日内瓦湖边画画，旁边来了三位英国女游客，看了他的画之后，就在一旁指手画脚地批评起来，一个说这儿不好，一个说那儿不好，贝罗尼都一一修改过来，最后还跟她们说了声“谢谢”。第二天，贝罗尼有事到另一个地方去，在车站又看到昨天那三位女游客，那三位女游客也看到他了，就向他走过来，问他：“先生，我们听说大画家贝罗尼正在这儿度假，所以特地来拜访他。请问你知不知道他现在在什么地方？” 贝罗尼朝她们微微弯腰，回答说：“不敢当，我就是贝罗尼。”三位女游客听后大吃一惊，回想起昨天的不礼貌，红着脸走掉了。

古希腊著名哲学家苏格拉底才华横溢，奖掖后进，每当人们赞叹他学识渊博、智慧超群的时候，他总是谦逊地说：“我唯一知道的就是我自己的无知。”

人生就是一列开往坟墓的列车，路途上会有很多站，很难有人可以自始至终地陪你走完。当陪你的人要下车时，即使不舍，也应该心存感激，然后挥手道别。

——宫崎骏

一个只想着哗众取宠的人，不管他有多么崇高的身份地位，终究都会因为自己的过度表现而自曝其短。谦虚内敛的人总是让人钦佩，狂妄傲慢的人容易成为天下人的笑柄。

21 由俭入奢易，由奢入俭难

“由俭入奢易，由奢入俭难。”宋朝著名宰相司马光这句话的意思是由俭朴节约的生活变成奢华富裕的生活比较容易，而由奢华富裕的生活变成俭朴节约的日子会比较难，这是古人对治家的经验总结和教训警示。

历览前人国与家，成由勤俭败由奢。我国古代的许多帝王都非常重视节俭美德，并且以身作则，昭示天下。作为一个新王朝的君主，一般来说都会大兴土木，以显示自己的威严。但唐太宗认为这样做劳民伤财，所以一改以往新君登基大兴土木的习惯，仍然住在隋朝修建的宫殿里面。在他的带领下，朝廷上下逐渐形成了崇尚节俭的风气，政治清明，经济复苏。

司马光为官几十年，在洛阳只有田三顷。其妻张氏伴随他46年，妻子死后，家里没钱办丧事，儿子司马康和亲戚主张借些钱，把丧事办得好一点，司马光不同意，并且教训儿子处世立身应以节俭为贵，不能动不动就借钱。最后，他还是把自己的地典当出去，才草草办了丧事。他的品德，就连他的政敌王安石也很佩服，愿意与他为邻。

一般来说，人有一种思维定式和生活习惯，由苦日子转为好日子比较容易适应，而由好日子变成苦日子是难以适应的。因此，养成节俭的良好习惯对一个人来说是非常重要的。要知道，一粥一饭，来之不易。

如果你认识从前的我，也许你会原谅现在的我。

——张爱玲

22 细节决定成败

古语云:“千里之堤,溃于蚁穴。”任何宏大的计划、壮伟的工程都依赖于每个步骤的正确实施和细节的精确到位,否则,“失之毫厘,谬以千里”,细节决定成败。

有人怀疑细节的价值,然而事实却清楚地告诉这些人他们是错的。1986年1月28日,美国“挑战者”号航天飞机在升空第73秒后,由于右侧助推火箭密封装置出现问题,造成燃料外泄,航天飞机发生爆炸,7名航天员当场遇难。最终查明造成这一悲剧的原因是对助推火箭密封装置这一细节的疏忽。

德国某著名理工学院的学生都有一枚钢制纪念章。因为该学院曾有个毕业生设计了一座大桥,由于微小的疏忽,大桥在刚建成不久便倒塌了,造成很多人死亡。学院为了使学生永远记住这个教训,就用这座桥的废钢制成纪念章。

1485年,英格兰国王理查三世在博斯沃思战役中被击败,相传,导致这次失败的根本原因竟然是少了一枚小小的马掌钉。所以,自那以后人们就说:少了一枚铁钉,丢了一个马掌;丢了一个马掌,跑了一匹战马;跑了一匹战马,败了一场战役;败了一场战役,丢了一个国家。

老子在《道德经》中说:“天下大事,必作于细;天下难事,必成于易。”我们只有关注细节,把握细节,重视细节,才能把握自己的人生和命运。泰山不拒细壤,故能成其高;江海不择细流,故能就其深。不积跬步,无以至千里;不积小流,无以成江海。

23 距离产生美

距离产生美,是说人们在审美过程中,必须保持适当的距离,否则就会影响或削弱审美效果。

“横看成岭侧成峰,远近高低各不同”,我们从诗句中可以看出,距离、位置不同，看美景时的感受也不同。其实不光是美景，有时候生活中也要保持适当的距离，更有利于人与人之间的交往，也就是所谓的“距离产生美”。要建立良好的人际关系，必须注意人与人之间的距离。距离太远了，双方不能很好地了解，彼此容易疏远；距离太近了，就容易产生摩擦，彼此容易厌倦。只有把握好距离，保持适当的距离，才能做到既相互了解，又相敬如宾。

朋友之间，要保持一定的距离：太远了，就难成为朋友；太近了，不分彼此，没有原则，久必生厌；真正的朋友，应该不远不近，不亲不疏，不分不离，让各自都有自己的空间。男女交往，也要保持一定的距离。这距离，不是隔离，不是隔阂，而是在行动上、感情上，让关系更舒服、更融洽的一段距离。

“距离产生美”，让我们在生活中，保持一段合理的距离，给自己和他人多一些美的享受吧。

24 行成于思，毁于随

韩愈在《进学解》一文中说：“业精于勤，荒于嬉；行成于思，毁于随。”意思是说，学业由于勤奋而精进，但它却荒废在嬉笑玩耍中；事情由于反复思考而成功，但它却能毁灭于随大流。

人只有靠勤奋才能取得成就，只有靠勤奋才能收获智慧、体现价值。中国古代著名的书法家王羲之，小时候练字用坏的毛笔堆成了一座小山，用来洗毛笔和砚台的池子都变黑了。他正是通过自己的勤奋努力，取得了傲人的成就。而那些不勤奋、不刻苦的人，则因为嬉戏玩耍、浪费青春，最后一无所成。历史上有个著名的故事叫“伤仲永”，说的是一个天才少年因为荒废学业而一事无成。这个故事告诉我们，光靠天资还不够，还要懂得勤奋和思考。

思考是一种可贵的品质，无数事实证明，善于思考必定受益无穷：因为思考，才有了诸葛亮审时度势、力挽狂澜、三分天下的壮举；因为思考，才有了苏轼眼观山脉绵亘，灵思妙笔而成“不识庐山真面目，只缘身在此山中”；因为思考，才有了曹雪芹身遭人事沉浮，却谱写出巨著《红楼梦》……古今中外，凡成大事者都是会

后来我们越来越懂得如何与人相处了，但那种激烈单纯的爱却留在最年轻的那几年了。

——杨昌溢

思考的人，他们善于发现问题、解决问题。毋庸置疑，思考支撑起了他们的人生，他们也因思考拓宽了自己的人生。

25 世上无难事，只要肯登攀

“世上无难事，只要肯登攀。”这句话是说许多看似困难的事情，其实并不困难，我们需要的是敢于挑战困难并为之付出努力，那么最终定会战胜困难，取得成功。

伟大领袖毛泽东从小立下“以天下为己任”的志愿，经过不断求索，确立了“以农村包围城市”的正确作战道路。他不断努力，开创了中国革命的新局面，最终取得了巨大成功。毛主席因为有心、有志，所以才会去努力，去奋斗，最终做成了人们所说的难事。

在外国，同样有众多“肯登攀”的人。在电灯发明以前，人们认为在黑夜中，没有比油灯更亮的灯了。但爱迪生却不这样认为，他用上千种灯丝做实验，终于发明了电灯。他向人们证明了自己，也证明了只要肯努力、肯登攀，再难的事也一定可以成。

然而，在生活中，面对所谓的难事，许多人却选择退缩，归咎于客观环境，而不从自己身上找原因：考试成绩不理想抱怨题目太难，工作上被否定认为是领导为难自己。其实很多时候，我们需要从自身找原因，题目难我们可以多练习，工作被否定，我们可以换个思路重新做。世上无难事，只要肯攀登。

26 做个有心人

在生活中，我们很多人都会时不时萌发出很多不错的想法来，但是大多数人仅仅停留在“想”的阶段，只有少数人不仅将想法装在“头脑中”，更落实在“行动上”。

其实所有纠结做选择的人心里早就有了答案，咨询只是想得到内心倾向的选择。所谓的命运，还是自己一步步走出来的。

——东野圭吾

2012年5月的一天，日本青年毛利元新像往常一样到岗亭交停车费。当他把硬币交给收费员时，不小心将硬币掉到岗亭下的排水道里。他看着掉进排水道里的硬币，无奈地摇摇头，因为排水道被铁锁锁了。下班后，他到停车场去开车，每路过一个排水道时，他都下意识地弯腰看一下。他惊奇地发现，很多排水道都散落着一些闪亮的硬币，毛利元新看到这里眼前一亮，心想：如果能把全东京排水道里的硬币都捞出来，应该是一笔不小的财富。说干就干，他利用业余时间做了大量的咨询和调查，发现几乎每个被咨询的人都有不小心把硬币掉进排水道的经历。他回到公司，立刻向老板辞职。经过一段时间的忙碌，他成立了自己的打捞公司，并拿到了政府颁发的打捞许可证。多数排水道污浊并散发着恶臭，而毛利元新和他的员工却乐在其中。每天，他们一边帮政府疏通排水道，一边捞取排水道里的硬币。一切正如毛利元新所料，经过一年多的努力，他们成功地从东京的地下排水道里捞出硬币90万枚，价值超过两亿日元。面对地上的一枚硬币，有人昂首走过，有人却弯腰捡起。走过的人留下一阵风，而弯腰的人捡到了两个亿。

"天下无难事，只怕有心人"，只要我们对待生活"有心"并"用心"，就能收获意想不到的成功。

27 滴水之恩，当涌泉相报

古人说：滴水之恩，当涌泉相报。感恩，是我们中华民族的优良传统，也是对一个人最起码的品德要求。父母对我们有养育之恩，老师对我们有教育之恩，社会对我们有关爱之恩，祖国对我们有呵护之恩……一个常怀感恩之心的人，心地坦荡，胸怀宽阔，会自觉地给他人以帮助。而那些不会感恩的人，带给社会的只能是冷漠和残酷。

东汉时的黄香，是历史上公认的"孝亲"典范。黄香小时候，家境困难，10岁失去母亲，父亲多病。闷热的夏天，他在睡前用扇子驱赶蚊子，扇凉父亲睡觉的床和枕头，以便让父亲早一点入睡；寒冷的冬夜，他先钻进冰冷的被窝，用自己的身体暖热后才让父亲睡下。黄香温席的故事就这样传开了。

如果你渴望得到某样东西，你得让它自由，如果它回到你身边，它就是属于你的，如果它不会回来，你就从未拥有过它。

——大仲马

感恩是一种处世哲学，是生活中的大智慧。人生在世，不可能一帆风顺，种种失败、无奈都需要我们勇敢、豁达地面对。这时，是一味地埋怨生活，还是对生活满怀感恩，跌倒了再爬起来？英国作家萨克雷说："生活就是一面镜子，你笑，它也笑；你哭，它也哭。"

记得有一首歌叫《感恩的心》，其中有一句词令我印象深刻：感恩的心，感谢命运，花开花落，我一样会珍惜。如果说爱是人类最崇高的情感，那么感恩之心则是爱的升华。当我们真诚地对他人报以感恩之心，我们的生活将因此而更加美好！

28 好事多磨

孟子曾说："天将降大任于斯人也，必先苦其心志，劳其筋骨。"自古圣贤多磨难，俗话说好事多磨，也是这个道理。面对这些磨难，我们应该做的就是：用积极的态度去面对，相信风雨过后一定会有彩虹。

人生中有价值的事，并不一定来自美好的事物，更多的时候反而来自磨难。司马迁在遭到宫刑的情况下，发奋著书，写下经典史书《史记》；李时珍如果不是科举失败，决心从医，可能就不会写下医学巨著《本草纲目》；法国作家小仲马也是在多次退稿再投，屡屡受挫的情况下，撰写出世界名著《茶花女》。古今中外，且凡在事业上有所建树的成功人士，在成名之前大都经历过生活中的各种磨难。因此，我们应该感谢生活中的磨难，这些磨难使我们明白成功背后的艰辛。

我们每一个战胜磨难的过程，其实就是超越自我的过程。但是，生活中也有一些胸无大志的人，将磨难看成洪水猛兽，患得患失、自暴自弃，最终也只能虚度了光阴，断送了自己的前程。我看过这样一则新闻，某青年参加一企业基层管理人员招聘，笔试成绩名列前茅却未被录取，因为他求胜心切，对挫折和失败的承受力低，最终跳楼自杀，让人惋惜。

人生不可能一帆风顺，磨难让我们积累经验，使我们坚强起来。磨难是我们"真诚的朋友"，没有磨难的社会无法进步，我们要感谢生活中的磨难！

走好选择的路，别选择好走的路，你才能拥有真正的自己。

——杨　绛

29 为他人着想

人们常说一句话："我为人人，人人为我。"我想这应该就是为他人着想的最高境界。如果我们在生活中凡事设身处地，换个角度为他人着想，原本复杂的问题就可能迎刃而解了。

相传康熙年间，大学士张英的邻居建房，因宅基地和张家发生了争执，张英的家人飞书京城，希望张英能打个招呼"摆平"邻家。张英看完家书淡淡一笑，在家书上回复："千里家书只为墙，让他三尺又何妨；万里长城今犹在，不见当年秦始皇。"家人看后甚感羞愧，便按张英之意退让三尺宅基地，邻家见张英家人如此豁达谦让，深受感动，亦退让三尺，遂成六尺巷。这条巷子现存于桐城市内，成为中华民族谦逊礼让传统美德的见证。

叶圣陶在教育子女要多为他人着想时举过一个例子：一位父亲让儿子递给他一支笔，儿子随手递过去，不想把笔头交在了父亲手里。父亲就对儿子说："递一样东西给人家，要想着人家接到了手方不方便。你把笔头递过去，人家还要把它倒转来，倘若没有笔帽，还要弄人家一手墨水。刀剪一类物品更是这样，绝不可以拿刀口刀尖对着人家。"一个小小的举动，体现出的却是体贴他人的大爱之心。

在生活中，一个人能否为他人考虑也直接体现着他的品行素质。比如随地乱扔垃圾不顾清洁工人的辛苦；公共场合大声喧哗不顾他人的感受；饭后不收拾餐桌，不考虑后来人的就餐环境等都是不考虑他人的行为。只有为他人着想，才能赢得他人尊重，才是立足社会之道。

30 失败乃成功之母

可以肯定地说，没有人喜欢失败。因为失败大多是一些令人痛苦的经验，甚至是让你的人生受到重创的体验。然而，一生从未尝过失败滋味的人是不存在的。

法国著名小说家小仲马是文坛大师大仲马的儿子。他年轻时，写了许多文章，

挫折感很大、觉得很难熬的时候，可以闭上眼睛，想象自己已经是十年之后的自己，置身一段距离之外，转头去看正在遭遇的那些事。练习这样做，心情可能会平静些，知道眼前的这一切，都会过去。

——蔡康永

但他并不透露自己的特殊身份，艰辛努力换来的却只是一封封退稿信。小仲马并没有自暴自弃，直至《茶花女》问世，轰动整个欧洲文坛。

诚然，一般人都讳言失败，有些人更是谈失败而色变。其实，失败并不可耻，真正可耻的，是不承认自己有过失败的经历。

有一次，一个人提醒爱迪生说，他在发明蓄电池时，一共失败了25 000次。但是这位伟大的发明家却回答道："不，我并没有失败，我发现了24 999种蓄电池不能用的原因。"爱迪生在他的一生中，共发明了1 093项物品，例如留声机、电灯、电表、摄像机，等等。我们可以想象，在他非凡的人生中，经历过多少次的失败，才换来了后来的成功。

在人生的旅途上，失败是正常的。如果你因为一时的失败便一蹶不振，那么不是失败打垮了你，而是你那颗畏惧失败的心把你自己打倒了。当遇到失败时，我们应努力做到以下三点：一是不能意志消沉，精神萎靡，出现颓废心理；二是要正视失败，绝不能轻视失败；三是要认真总结和吸取失败的教训，分析失败的原因，避免下次再出现这种情况。只有这样，失败才能够真正成为成功之母。

31 勤能补拙

勤能补拙，意思是指后天的勤奋能够弥补先天的不足。俗话说的"笨鸟先飞"也是这个道理。在学习生活中，勤奋是非常重要的，一分耕耘，一分收获。

我国著名戏曲表演艺术家梅兰芳曾说过："我是个笨拙的学艺者，没有充分的天赋，全凭苦学。"其实他说得一点不假。梅兰芳年轻的时候去拜师学戏，师傅说他长着一双死鱼眼睛，灰暗、呆滞，根本不是学戏的料，不肯收留他。然而，天资欠缺不但没有使梅兰芳灰心、气馁，反而促使他变得更加勤奋。贝多芬也是如此。双耳失聪的他为了弹琴，付出了比别人多十倍、百倍的努力。跌倒了，再爬起来；失败了，再重新来过。他终于成了一位举世闻名的伟大的音乐家。

古今中外，这样的例子太多太多，伟大的科学家爱因斯坦曾说过："成功需要三个条件，那就是艰苦的劳动、正确的方法以及少说空话。"在这三个条件中，艰

人们常常觉得准备的阶段是在浪费时间。只有当机会真正来临，而自己没有能力把握的时候，才知道自己平时没有准备才是浪费时间。

——罗曼·罗兰

苦劳动即勤奋是首要的。当你看到他人用优异的成绩，拿到了令人羡慕的奖学金，却不知道你在玩手机浪费时间的时候，人家在努力地做题；当你看到新闻主播字正腔圆地播读新闻时，却不知道他们十年如一日地练晨功，是多么努力。

勤能补拙是一个浅显的道理。大量的事实也证明了只有勤奋，才能取得成功，勤奋是通往成功的唯一路径。

32 学贵博而能专

“学贵博而能专”这句话看似是矛盾的，仔细一想，却发现这其中饱含深意。闻道有先后，术业有专攻。知识是无穷尽的，所以我们要在“博学”的基础上做到“专一”。

首先，我们要做到“博学”。博览群书是知识大厦得以高耸的基石，因为渊博的知识要靠日积月累才能获得。1929年，19岁的钱钟书考入清华大学外文系，终日博览中西书籍。到了牛津大学，他更是把精力都花在学校的图书馆。钱钟书有做笔记的习惯，他的经典著作《谈艺录》《管锥编》中的主要资料都来源于他的笔记。正是因为“博学”，才使钱钟书成为一代文学大师。

其次，我们要做到“专一”。丹麦有句谚语：“聪明人接触各种知识，但他是从精通一门学问来认识世界的。”列宁从小就有广泛读书的兴趣爱好，他对社会科学和自然科学都有研究。但投身革命以后，他便在博学的基础上，重点研究社会科学。据统计，仅在《列宁全集》中，列宁引用自己看过的书就有16 000多册，其中俄文版图书12 000多册。列宁由于不断刻苦学习和钻研，积极参加革命实践，终于成为伟大的马克思主义者和无产阶级革命家。

“博学”与“专一”是相辅相成的辩证关系：博是弓，专是箭；只博不专，弓便无用；只专不博，箭飞不远；既博又专，才能弓响箭飞，准确中的。

33 业精于勤荒于嬉

“业精于勤荒于嬉”这句话出自唐代文学家韩愈写的《进学解》，意思是学业由于勤奋而精进，但却荒废在嬉笑玩耍中。

中央电视台的《大国工匠》系列报道，是对“业精于勤荒于嬉”这句话最好的诠释。这些工匠们在喧嚣当中固执地坚守内心的那一份宁静，凭着一颗耐得住寂寞的“匠心”，创新传统技艺，传承工匠精神。宁允展是国内从事高铁列车转向架“定位臂”研磨第一人，因为“定位臂”的接触面不足10平方厘米，手工研磨是保证接触面间隙精准的唯一可行方法。为保证高铁安全，他手工研磨的精度小到0.05毫米，比一根头发丝还细；他还创造了10年无次品的纪录，他和团队研磨的产品，装上了800多列高速动车组，奔驰10亿多公里，相当于绕地球2.5万多圈。傲人成绩的取得，离不开宁允展扎实的基本功。除了在单位勤学苦练，他还在家里专设“小车间”，自费买的家用机床、电焊机、打磨机摆满了家里的小院。就是这样对技术精益求精、一丝不苟的精神，才成就了他在高铁研磨技术方面“一把手”的地位，才能保证疾驰的高铁列车的安全。“业精于勤荒于嬉”这句话正是对他这24年来兢兢业业、踏踏实实工作的真实写照。

对于学习播音主持专业的我们来说，要想取得好的考试成绩，同样离不开刻苦的专业练习。对每一个字音、每一条绕口令，都需要坚持不懈地练习，这样才能发现新的问题、培养良好的语言习惯。当然，“精于勤”的同时更要“勤于思”，语言学习中除了需要不断练习外，更需要细致地总结反思，如此才能使自己的专业水平不断提高。

34 学会倒出水，才能装进更多的水

凡事都有两种选择，当你选择了一种，你就失去了另一种。得其一，必失其一。懂得取舍是一种智慧，学会选择，学会放弃才会有快乐。

那些花了好久才想明白的事，总是会被偶尔的情绪失控全部推翻。我们似乎总是很容易忽略当下的生活，忽略许多美好的时光。而当所有的时光在被辜负、被浪费后，才能从记忆里将某一段拎出，拍拍上面沉积的灰尘，感叹它是最好的。

——钱钟书

人生路上，总会碰到十字路口，让人难以抉择。此时，作出正确的取舍，懂得合理的放弃，确实是一种智慧。唯有如此，我们才能更好地把握自己的命运。

每个人都有梦想，但不是每个梦想都能够实现，当满怀希望的梦想落空时，生活似乎也变得灰暗了。其实，过分地执着于一个不可能实现的梦想，对于人生来说是一种沉重的负担，甚至是一种伤害。在这个时候，人要懂得取舍，懂得放弃。正如盛开的鲜花为了结出自己的果实，就必须放弃美丽的容颜；要想拥有星河灿烂的夜空，就得放弃晴天丽日的白昼；要想拥有浪漫的雨中漫步，就要放弃温暖的阳光。只有放弃奢望，脚踏实地，才能活得真实、从容。

魏晋时期，以阮籍、嵇康为代表的竹林七贤，深知自己难以在官场趋炎附势，于是决然走上了隐居之路。他们将生命融入大自然的山水中，舍弃了官场的尔虞我诈，收获的却是心灵的喜悦与充实。陶渊明即便需要俸禄养家糊口，但在尊严心性与官场现实发生冲突时，他毫不犹豫地高呼："吾不能为五斗米折腰。"从此回归山林，扛起锄头，以山水、诗歌为伴。

取舍不仅是一种生活的哲学，也是一门生存的艺术，是选择、承担、忍耐、痛苦与喜悦的达观境界。

35 精诚所至，金石为开

精诚所至，金石为开，意思是说只要人有足够的诚意，就能感动天地，使金石为之开裂，比喻只要专心真诚地做一件事情，什么疑难问题都能解决。

交往需要真诚，要理解和尊重对方。三国时期刘备为了请诸葛亮出山，风雪无阻，三顾茅庐，"精诚所至，金石为开"：诸葛亮不但打开了柴门，而且打开了心灵之门，抱着"士为知己者死"的心志帮助刘备得以三分天下。刘备死后托孤于他，他殚精竭虑，为辅佐后主刘禅鞠躬尽瘁，留下了一段君臣之交的佳话。

2012年三联书店原总编辑李昕参与海外华人作家王鼎钧的作品版权争夺战。在三联书店决定购买版权时，有三家出版社都已经与王鼎钧商量具体出版细节，甚至都在谈预付款的事情了。为了能够出版这样一位文学大师的作品，李昕做

不乱于心，不困于情。不畏将来，不念过往。如此，安好。

——丰子恺

了大量的工作，准备用出版王鼎钧作品套系的方式来取得版权。在王鼎钧已经与中华书局基本谈定的情况下，为了让王老能够明确自己准备通过这套书籍让国人认识这位文学大师，从而给他本人以及他的作品应有的文坛地位的目的，李昕给王鼎钧写了一封真挚诚恳的书信，并连同三联书店的整套书的策划方案一起呈送给王鼎钧。王鼎钧最终被李昕的诚意所打动，同意在三联书店出版他的书籍。这套《王鼎钧回忆录四部曲》出版后获得了很大的成功，还获得了好几项大奖。书籍的成功出版，离不开李昕的"精诚所至"。

"真心诚意"的力量是无法用科学方法加以衡量的，我们只能说，"真心诚意"是一个人内心真实想法的自然涌现，是和对方产生共鸣和交流的基石。这就是"精诚所至，金石为开"的力量之所在。

36 细节决定成败

航天飞船、摩天大楼的设计即使只有0.01毫米的误差，都有可能酿成灾难性的悲剧。生活中，我们也要注重细节，因为事情的成功与失败，往往就是细节决定的。

在美国发明家亚历山大·贝尔宣布他发明了世界上第一部电话，并准备为这项轰动科学界的发明申请专利时，一位叫莱斯的科学家却向美国最高法院提出诉讼，声称电话的发明权应归他所有。法院不得不进行调查，并请有关科学家参与鉴定。原来，在贝尔发明电话机之前，莱斯确实已研制成功一种利用电流进行传声的装置，这种装置能把声音传到1 000米以外。但是这个装置仅能单向传送，而且声音时断时续，根本不实用。贝尔发明的电话却能让双方流畅地通话。法院和科学家都断定，贝尔才是电话发明专利的拥有者。可是莱斯不服气，依然坚称贝尔剽窃了自己的发明。贝尔面对法院和科学家调查组，也直言不讳，自己借助过莱斯的实验成果，但他比莱斯更加细心，他发现了莱斯装置的不足。他将莱斯装置所用的间歇电流改变为连续的直流电，就解决了话声时断时续的问题；他又将莱斯

人生两件最不应该做的事：白天不努力以及晚上做决定。

——佚　名

装置上的一颗螺丝钉往里拧了半圈，仅仅相差5丝米，电话就诞生了。这种结果使莱斯瞠目结舌，法院最后判决电话的发明权归于贝尔。莱斯感慨地说："我在离成功5丝米的地方失败了，我将终生记取这个教训。"

近几年，中国涌现出一批"大国工匠"，他们的故事也告诉我们：在做人做事上面只有一丝不苟、精益求精，才能学有所成、业有所立。

37 面对挫折，我报之以歌

歌德说："流水在碰到抵触的地方，才释放自己的活力。"挫折对于真正的强者来说，是成功的催化剂，是坚持梦想的强心针。

"老当益壮，宁移白首之心；穷且益坚，不坠青云之志。"初唐四杰之一的王勃，可谓"时运不济，命途多舛"，然而面对挫折，他却能达人知命，笑看人生。试想，如果王勃没有开朗阔达的胸襟，哪能有"海内存知己，天涯若比邻"的千古绝唱？

有人曾为林肯做过统计，说他一生只成功过3次，但失败过35次，不过第3次成功使他当上了美国总统。在他竞选参议员落选的时候就说过："此路艰辛而泥泞，我一只脚滑了一下，另一只脚因而站不稳。但我缓口气，告诉自己，这不过是滑一跤，并不是死去而爬不起来。"

伏尔泰以微笑战胜暴力，以坚毅战胜顽固，以真理战胜愚昧。正因为这微笑，它照亮真理、正义、仁慈和诚实，正因为他以微笑面对一切，所以他留下了不朽的著作。他以一个知识分子的良知和责任为人民争取权利，被喻为"欧洲的良心"。

有人说，挫折是最好的课堂。在人的一生中，遇到挫折是不可避免的，关键在于我们能否把挫折变成成功的垫脚石，能否用"伏尔泰似的微笑"面对一切。如果能，我们的幸福就拥有了一双能搏风击雨的翅膀，正如李白所言：长风破浪会有时，直挂云帆济沧海。

读书，其中一个益处是能填补个人人生阅历的空白。别人多少年才走完的路，几十天，几天甚至几个小时，如同电影镜头为你回放。那些原本要历经沧桑才能体会的心情，现在却有幸在岁月还未耗逝的时候就一窥究竟。

——尼克·霍恩比

38 吾爱吾师，吾更爱真理

“吾爱吾师，吾更爱真理。”这是古希腊哲学家亚里士多德的名言。亚里士多德从17岁起就跟随柏拉图学习，时间长达20年。对他来说，柏拉图既是他崇敬的恩师，也是他一生的挚友。然而，在探究真理的道路上，他非常勇敢、坚决地指出老师的错误和缺点。在哲学思想和研究方法上，亚里士多德都同柏拉图存在着严重的分歧。有人指责他背叛了老师，亚里士多德对此回敬了一句话：吾爱吾师，吾更爱真理。

韩愈在《师说》中也说：“弟子不必不如师，师不必贤于弟子。闻道有先后，术业有专攻，如是而已。”有人觉得挑战老师的权威有违尊师重道的美德，但尊敬老师，并不说明在获取知识的过程中一定要局限于老师的思想和理论，只要是为了真理而去突破，并且注意与老师沟通的方式方法，那就与尊敬老师并不矛盾。更为重要的是，这质疑的精神能够真正促使认知的进步。

1980年，复旦大学中文系的蒋孔阳教授出版《德国古典美学》，受到学界的推崇和好评。有一位学生却提出了4点批评性意见，正在日本讲学的蒋孔阳教授读到这些意见后，立即写信给这位学生，明确表示这些意见有一定道理，自己将加以修改。蒋孔阳教授作为享誉海内外的美学大家，面对批评意见虚心接受，树立起为人师者以“真理”为唯一标准的典范。

我们作为一名中学生，面对学习中的困惑，是积极思考作出自己的判断，还是放弃思考随波逐流呢？我想，“吾爱吾师，吾更爱真理”这句话已经给出了最好的答案。

39 求人不如求己

“求人不如求己”的意思是：与其去求别人，不如自己努力。

林清玄在自己的文章里面曾谈到这样一个故事：苏东坡和佛印一起去朝拜观

勿道人之短，勿说己之长；人骂之一笑，人誉之一笑。

——齐白石

世音菩萨，见菩萨还戴着念珠，苏东坡感到很奇怪，就问佛印："观世音菩萨为什么还戴着念珠啊？" 佛印说："她要拜佛啊！" 苏东坡更觉得奇怪："观世音菩萨还要求谁呀？"佛印说："求她自己啊，求人不如求己。"

海伦·凯勒来到世间才16个月，疾病就使她丧失了视觉与听觉。她看不到五光十色的世界，听不到山鸣谷应。但她凭借惊人的毅力，不仅练就了正常人的思维能力，还创造了常人难以达到的辉煌。她掌握英、美、法、德、希腊和拉丁语，发表了大量的文学作品，并入选美国《时代周刊》评选的"20世纪美国十大英雄偶像"。有人问她："是什么让你这样坚定地走下去？"她说："因为我一直告诉自己，不管遇到多大的困难，只有自己才能拯救自己。"

求人不如求己，寻求别人的帮助，自己固然可以轻松一些，可这并不是长久之计，因为别人可能帮你一时，但帮不了你一世。况且，求人也不是一件容易的事。

我们无法选择自己的出生，只能靠自己的努力去争取更好的生活，才能让自己更有尊严地生活在这个世界上。"靠山山倒，靠河河干"，面对难题，我们必须用自己的双手去披荆斩棘。

40 仰望星空，脚踏实地

仰望星空，是为了锁定那颗最闪亮的明星，让梦想的光芒照亮前行的方向；脚踏实地，是为梦想付出坚实的努力，每一步前行都指引我们走向更美好的远方。

仰望星空，袁隆平坚定了让所有人远离饥饿的梦想。头顶烈日，袁隆平走进一望无际的水稻绿海，专注于农田，细细寻找杂交的良种。他脚上裹满了被太阳晒得开裂的泥土，皮肤黝黑，看上去与寻常老农并无二致。向着梦想，他脚踏实地地步步前进。超级杂交水稻的重大突破，意味我国每年又可多养活数千万人。袁隆平播撒智慧，埋头苦干，创造着一个又一个奇迹，实现了星空下的梦想。

战国时期，赵国大将赵奢的儿子赵括，从小熟读兵书，谈论军事时谁也说不过他。赵括因此很骄傲，自以为天下无敌。然而赵奢却很担忧，认为儿子不过是纸

读书分为谋生和谋心两种：谋生的读书是从小学一直读到大学，为的是找个工作，这不是真正的读书；而谋心的读书是为了心灵的寄托和安慰，这才是真正的读书。

——易中天

上谈兵。公元前259年，秦军来犯，赵军在长平抗敌，那时赵奢已经去世，廉颇负责指挥全军。他年纪虽高，打仗却很有办法，使得秦军无法取胜。秦国知道拖下去于己不利，就施行了反间计。赵王上当受骗，用赵括替代了廉颇。赵括照搬兵书上的条文，到长平后完全改变了廉颇的作战方案，结果40多万赵军被全部歼灭。熟读兵书固然重要，但一味地“仰望星空”却脱离了实际战场也毫无价值。

在生活中，我们唯有仰望星空与脚踏实地并行，才能真正到达梦想的彼岸，撷取那颗熠熠生辉的明珠。

41 人心齐，泰山移

“人心齐，泰山移”，意思是只要人们心向一处，共同努力，就能克服任何困难，发挥出移动高山的巨大力量。一根筷子容易折断，十双筷子折不断。靠的是什么? 靠的就是团结。“人心齐”的内核就是心往一处想，劲往一处使。

有一个著名的木桶定律：一只木桶的盛水量，并不取决于桶壁上最高的那块木板，而恰恰取决于桶壁上最短的那块木板。最短的木板起着制约作用，决定了整个团队的战斗力。对一个团队而言，无论其他人做得多么好，只要一个人犯了错，损害的仍是整个团队的形象和声誉。对齐木桶的每一块木板，不落下任何一个人，是充分释放出团队整体潜能的前提条件。

2017年8月8日，四川九寨沟发生7.0级地震，造成了不同程度的人员伤亡与财产损失。一方有难，八方支援。灾难当前，社会各界纷纷伸出援手，大家的共同目的就是帮助灾区群众渡过难关。

一个人的力量是有限的，但大家的力量是无限的。如果把我们每个人比作一盏灯，虽然一盏灯的光亮微不足道，但许多盏灯聚在一起，那就是一片光明。面对灾难，只要我们凝心聚力、众志成城，一定会创造出更加美好的生活。

人心齐，泰山移。力量因爱心而凝聚，生活因互助而精彩。

人有三个基本错误是不能犯的：一是德薄而位尊，二是智小而谋大，三是力小而任重。

——南怀瑾

42 闻过则喜，知过必改

在生活中，面对问题的时候，真正能让人成长和进步的正是那些能够直言你的错误之处的人。正所谓“忠言逆耳利于行”，也许批评的话听起来不是那么让人喜欢，但却能让人清醒地审视自己的不足之处，并发现可以改进的地方，从而让自己取得更大的进步。

唐太宗李世民堪称我国封建社会少有的开明君主。他即位以后，吸取历史的教训，广开言路，鼓励大臣们多提意见，并提高谏官的地位。他重用的著名谏官，贞观前期有魏征、王圭、杜如晦、房玄龄等，后期有马周、刘洎、褚遂良等。魏征死后，唐太宗思念不已，叹息说：“以铜为镜，可以正衣冠;以古为镜，可以见兴替;以人为镜，可以知得失。魏征殁，朕亡一镜矣！”唐太宗能任用贤能，从善如流，闻过即改，是他能开创“贞观之治”的重要原因。堂堂一国之君，胸怀坦荡，毫不避讳自己的缺点，不得不让人佩服。

熊十力是我国著名的哲学家，人称国学大师。熊十力曾与湖北同乡废名同在北大教课。一天，两人因为一个问题争得面红耳赤，后来竟扭打起来。熊十力指着废名说：“你错了，我的道理对。”睡了一夜，第二天一早，熊十力就找到废名说：“昨夜我回去想过之后，还是你的道理对。”说罢，两人哈哈大笑。熊十力能放下架子主动道歉，不失大师风范。

常言道：“人非圣贤，孰能无过；过而能改，善莫大焉。”有过错并不可怕，怕的是文过饰非，怕的是讳疾忌医。很多时候，承认错误并能及时改正错误，非但无损于一个人的形象、人格，更是一种高尚的品格。

43 学然后知不足

“学然后知不足”这句话出自《礼记·学记》，意思是说只有通过学习，才能了解到自己的不足，只有知道了自己的不足，才能反过来努力学习。“知不足”体现了

这世上有成千上万种爱，但从没有一种爱可以重来。

——菲茨杰拉德

积极的进取精神、强烈的求知欲望和谦虚的学习态度。

古希腊哲学家芝诺曾经用一个生动的比喻来说明这个道理。他认为人的知识就好比一个圆圈，圆圈里面是已知的，圆圈外面是未知的。你知道得越多，圆圈就越大，但你不知道的也就越多。芝诺本人也正是凭着始终不满足、不断进取的精神，在学术上取得了辉煌的成就。

不登高山，不知天之高；不临深渊，不知地之厚。一些人不愿意学习，与未知领域接触得少，不知道未知领域是多么深远奥妙，自然不会感到自己的不足，反而以为自己很有知识。这正如井底之蛙，不愿跳出井口，不知天高地厚而自鸣得意。南朝文学家江淹，早年以文章著名，被誉为“江南才子”，后来他不思进取，不愿继续学习，最后留下了“江郎才尽”的笑话。

要真正做到“知不足”，谦逊的态度很重要。无论何时何地，真正能够自省的人，必是那些态度谦逊者，必是那些有自知之明而见贤思齐的人。学无止境，在学习中我们才能发现自己的问题，从而获取知识、得到进步。

“问渠哪得清如许，为有源头活水来。”如果把知识比作渠中的清水，那么学习就是这清水的源头。只有不断进取、永不满足，才能使知识的源泉永不干涸，永远流出清澈的泉水，浇灌出智慧的花朵，最终结出丰硕的果实。

44 感人心者，莫先乎情

“感人心者，莫先乎情”，出自白居易的《与元九书》，意思是没有什么比由衷的感情更能打动人心。

对于人情的价值和力量，古人早已深知。被称为“世界古代第一兵书”的《孙子兵法》提出：“视卒如婴儿”，“视卒如爱子”；战国的吴起，在魏国为将时，曾用嘴为士兵吸吮脓血；宋代岳飞，更是以“爱兵如爱子”而著称。这些历史名将之所以能率万众如一人，驰骋疆场，席卷千里，常立于不败之地，原因是多方面的，但以情感人绝对是一个重要因素。

在革命战争年代，战士们一次次风餐露宿，不拿群众一针一线，形成了军民

> 做孩子的时候感到无聊，盼望着长大。长大后又向往着返回童年。我们浪费自己的健康去赢得个人的财富，然后又浪费自己的财富去重建自身的健康。我们焦虑地憧憬未来，忘记了眼前的生活。
>
> ——莱　辛

的“鱼水深情”。2008年5月14日中午，中央电视台新闻频道的主持人赵普在连线“5·12”大地震前方灾区时，忍不住落下男儿泪，许多观众看到了这一画面，纷纷表示“被主持人的落泪所感动”。一般来说，主持人稍有失误，就会挨骂，但对这次“失误”，观众不骂反赞，因为“那是人性本善的真情流露”。

学习播音主持同样如此，播音员、主持人对社会、对生活、对他人都要有一颗真诚的心，也就是要有情感内核。我们在注重学习的同时，还要勤于实践。在表达时，要有真情，不能矫揉造作，更不能用刻意修饰的声音、形体语言去面对观众，而要用一颗真诚的心，用自然、热忱的态度，使自己内心的情感自然流露，用情感因素做催化剂，赢得观众的共鸣。

45 优秀是一种习惯

生活中，我们仰慕优秀的人，也都渴望自己能成为一个优秀的人，但是又似乎感觉优秀是一个遥不可及的目标。其实，优秀离我们并不遥远。

那些优秀的人之所以能够创造出令人瞩目的成就，是因为他们在日常生活、工作和学习中养成了良好的习惯。日本哲学家三木清说：“重复就是习惯。”如果我们做每件事时都能沉下心来不断“重复”，那么就一定能培养出优秀的习惯。

英国哲学家艾蒙斯说：“习惯不是最好的仆人，就是最坏的主人。”人大附中的刘朔同学在学校升旗仪式上的演讲稿《优秀是一种习惯》在网络上广为流传，我非常认同其中的观点。他认为要让优秀成为一种习惯：第一，要刻苦，要舍得花时间，每天保证一定的学习时间，养成习惯。第二，要讲究方法，尽量少走或者不走弯路。第三，从小事做起，注意细节。一个人的习惯好不好，素质高不高，往往反映在细节上。

亚里士多德曾说：“优秀不是一种行为，而是一种习惯。”当我们在感慨生活循规蹈矩、枯燥乏味的同时，是否认真思考过改变它？对别人少一些苛责，多一些赞美，闲暇时读一本好书，多出门运动，这些小事看似不起眼，但都会对自己产生一定的积极影响。

人性的确如此，既轻信又爱怀疑，既软弱又很顽固，自己打不定主意，为别人做事却又很果断。

——萨克雷

培养好习惯就是追求优秀。追求优秀是一种积极的意识，这种意识可使一个人脱胎换骨，成就一个全新的自己。

46 人的差别在于业余时间

爱因斯坦有这样一句名言："人的差别在于业余时间，业余时间生产着人才，也生产着懒汉、酒鬼、牌迷和赌徒。"这句话很有道理，在一个集体里面，大家工作、学习的时间都是一样的，但是每个人在业余时间做的事情不同，渐渐地，人与人之间必然产生差距。

业余时间主要是指每天学习、工作的8小时以外的时间，很多人都在感慨时间过得太快，却没有发现生活中有许许多多可以自由支配的业余时间。有人做过计算，一个人如果活70岁，一生约有62万小时。每周工作40小时，工作35年，约7.28万小时，再减去睡眠、吃饭和幼年期，剩余约25.72万小时，相当于工作时间的3.5倍。

20世纪初，数学界曾经出现过一道著名难题，就是2的67次方减1到底是不是质数。1905年，在纽约的一次数学会议上，英国数学家科尔登上讲坛，通过一番令人信服的运算论证，成功破解了这一难题。在热烈的掌声中，有人问科尔："您破解这个难题一共花了多少时间?"科尔回答："三年内的全部星期天。""三年内的全部星期天"，多么振聋发聩的声音。正是"星期天"这个人人皆有的业余时间，被科尔化零为整，充分利用起来，从而成就了一位卓越的数学家。类似科尔这样在业余时间刻苦努力，从而青史留名的人不胜枚举。

利用好业余时间，也许在短时间内变化不是太大，但只要持之以恒，改变，就发生在打开书本或提笔写字的那一刻。

我愿意忍受今天的我的寂寞，来代替忍受比今天更寂寞，未来的我的寂寞。

——夏目漱石

47 万事开头难

“一年之计在于春，一日之计在于晨”，“好的开始是成功的一半”，这些名言都说明了开端对于成功的重要性。

宋代文学家欧阳修曾有诗曰，“文章看落笔，议论驰后先，破石出至宝，决高泻长川”，意思是说写文章要特别注重开篇落笔之处，如果下笔便石破天惊，则全篇就如高崖泻水，气势如虹。明朝诗人谢榛也说，“起句当如爆竹，骤响易彻”，同样强调开篇应以爆竹骤响之势震彻全文。以上说的是开头对于写文章的重要性，而对生活中的人和事来说，开头同样重要。

人们常说万丈高楼平地起，靠的就是地基。在建筑施工中，打地基需要耗费很多时间进行勘探、打桩，因为“地基不牢，地动山摇”。我们做事情也一样，如果不重视开端，就会影响事物的持续发展。

万事开头难，最难的是出发。当你决定出发的时候，行动的种子已经发芽。一个人的执行力决定了想法与现实的距离，执行力有多强，速度便有多快。可惜执行力这东西，在多数人身上微弱如风中烛火，亮一亮便熄灭，致使许多有想法的人一直生活在黯淡中，所以我们要勇敢地出发。

万事开头难，只要肯登攀。人生就是这样，不论多难做的事情，只要你开始行动，一切障碍都会慢慢消除。现在，你只要勇敢地跨出第一步。

48 开卷有益

“开卷有益”指的是多看书总是有好处的。高尔基说：“书籍是人类进步的阶梯。”培根说：“读史使人明智，读诗使人聪慧，数学使人精细，哲学使人深沉，伦理学使人庄重。”这句话概括起来就是：开卷有益。如果我们不多读书，哪来这么多知识呢？

读书也要有选择，不是所有的书都开卷有益，而且读书的方式也很重要。如

生活不可能像你想象得那么好，但也不会像你想象得那么糟。我觉得人的脆弱和坚强都超乎自己的想象。有时，我可能脆弱得一句话就泪流满面，有时，也发现自己咬着牙走了很长的路。

——莫泊桑

果我们对每一本书都感兴趣，那“开卷有益”就未必有益。汉代文学家刘向曾经说过：“书犹药也，善读之可以医愚。”如果善读书，它就是良药，能治百病;如果不善读书，它就是毒药，见血封喉。有的同学沉迷于腐蚀身心健康的书刊，有的同学一旦沉迷书中内容便如走火入魔一般，无心学习，成绩一落千丈。更有甚者，被书中的角色所吸引，胡乱模仿，甚至走向了犯罪的道路。至于那些宣扬各种消极颓废、玩世不恭的思想的书，就更是“开卷有害”了。

所以要想真正做到“开卷有益”，必须善读“益卷”，只有这样读书，拓宽视野，才能真正从书中领悟人生的真谛。

读书的好处在于：他总能发现原来他的感受早已被世上某个人明白地说清楚了。他终于明白，他并不是一个独特的他，他只是他们中模糊的某个。

——梁　冬

第二部分

修养感悟类

01 百闻不如一见

“百闻不如一见”，顾名思义，就是说听到一百次，也不如亲自去看一次。耳听为虚，眼见为实，凡事要调查研究才能下结论。

“人要相信自己的眼睛”，是说人们应该有主见，要用自己的眼睛去观察，用自己的眼睛去发现，不要轻易相信别人的说法。

战国时期赵括“纸上谈兵”的故事便是对这句话最好的诠释，兵书读得再熟，也不及战场上拼杀的将军。他的失败也告诉我们一个道理：与其在家天天空谈，不如出去真正操练一番。

当然，我们有时候也不能完全相信自己所看到的“实”。相传有一天，孔子和友人在外野炊，做了一大锅香喷喷的饭食。等到要开饭时，只见一弟子突然伸手在锅里抓了一块立即塞进自己嘴里。孔子看见了很生气，但他没有现场批评那名弟子，而是饭后问他为什么这样做。弟子听了一脸委屈，道来其中原委：原来当时锅里飞进一苍蝇，他最先看到，怕这只苍蝇让老师没有食欲，自己才有此不雅之举。孔子了解之后便立即向弟子道歉。由此可见，眼见有时候也不一定为实。

一件事只有真正看到、体验到才能下定论。不能只听、只闻就以为真。就好像天天谈海的人，远不如真正看过海的人懂得大海；能将游泳理论谈得头头是道的人，远不如能够真正下水游泳的人懂得更多；一个对各地名菜如数家珍的人，远不如尝过一口的人，这便是百闻不如一见的道理。

读万卷书重要，行万里路更重要。百闻不如一见，许多事我们必须亲自去尝试，才能有判断的能力。

眼睛为她下着雨，心却为她打着伞，这就是爱情。

——泰戈尔

02 有志者，事竟成

“有志者，事竟成，破釜沉舟，百二秦关终属楚；苦心人，天不负，卧薪尝胆，三千越甲可吞吴。”这是我非常喜欢的一句话，同时也是我的人生格言。

在人生的道路上，我们不会一帆风顺，会遇到很多大大小小的挫折。电影《谁的青春不迷茫》中有这样一句台词：“你成长中所遇到的问题，都是为你量身定做的，解决了，你就成了你这类人当中的幸存者，不解决，你永远也不知道自己可能成为谁。”的确，人人都会遇到挫折，即使是我们看来的天才也不例外，但他们懂得怎样面对挫折。我们很难改变环境，但我们可以改变自己的态度。

越王勾践被吴国军队打败后，忍受奇耻大辱，给吴王夫差当仆役。三年后，勾践被释放回国，立志洗国耻。他在屋里挂上一只苦胆，每天都舔尝苦胆的滋味，铭记亡国之耻。勾践发奋图强，终于使越国繁荣昌盛起来，打败了吴国。

古往今来，多少人用自身的经历向我们诠释了这个道理：有志者，事竟成。处在青春期的我们，也许偶尔会迷茫，会懒惰，甚至不知道未来在哪儿。但此时，我们应该保持乐观的心态，无论处于什么样的环境，都要勇敢地去拼搏、去奋斗。

03 有用与没用

小时候每次在电视上看马拉松长跑比赛，总有一个疑问：在获奖选手已经产生的情况下，后面的选手为什么依旧要坚持跑完剩下的里程呢？后来自己参加学校的运动会比赛才知道，参加体育比赛不仅仅是为了获得优异的成绩，也不能简单地用“有用或没用”去衡量它的价值。运动员对体育精神的发扬以及享受运动带来的快乐与激情，才是竞技体育的动人之处。

竞技体育是这样，人生同样如此。有的人一辈子都在做看起来“有用”的事，一辈子却没什么成绩；有的人一辈子都想做点“无用”的事，留下的东西后人却受益无穷。

只有平庸的人，才总是处于自己的最佳状态。

——毛　姆

法拉第发现电磁感应，起初只局限在实验室里。电磁感应曾被人讥讽为“毫无用处”的发现。然而，法拉第不这样想，他说：“刚出生的婴儿有什么用呢？”随后，他运用电磁感应原理发明了电动机，人类由此步入电气时代。被称为“京城第一玩家”的王世襄先生，生于名门世家，却沉迷于各种“雕虫小技”，如放鸽、养蛐、驾鹰、掼交、烹饪，等等，可他不仅玩出了趣味，还玩出了文化。2003年，荷兰王子亲自来中国向他颁发“克劳斯亲王最高荣誉奖”，王世襄因此成为获得这项荣誉的第一位中国人。

在生活中，如果我们完全用“有用”或者“无用”去衡量一件事情，很容易让自己陷入迷途之中，找不到方向，甚至变得急功近利，没有了生活的情趣。因此，我们不要为“有用”和“无用”划分界限，只有自己喜欢并坚持，才能体会到庄子所说的“无用之用，方为大用”的真正内涵。

04 简单与精彩

简单，是对自身的再认识，对自由的再定义。深入分析自己，首先了解什么对自己最重要，然后用有限的时间和精力，专注地追求，从而获得最大幸福。放弃不能带来效用的物品，控制徒增烦恼的精神活动。简单生活，才能获得最大的精神自由与精彩人生。

我们可以从欲望、精神、物质、信息、生活这五方面，去变得简单而精彩。

在欲望层面，了解自己的真实欲望，不受外在潮流的影响，不盲从、不跟风。把精力用在自己最想实现的欲望上，如提升学业素养、关心家人朋友、追求健康等。

在精神层面，了解、选择一到三项自己真正想从事的精神活动，充分学习、提高，不盲目浪费自己的时间与精力。

在物质层面，将家中超过一年不用的物品丢弃、送人、出售或捐赠。比如看过的杂志、曾经喜欢的装饰品、不再穿的衣服，等等。

在信息层面，减少使用社交网络、即时通信的频率。少看微博、朋友圈。远离手机，避免信息骚扰。

世上每个人都是驯兽师，而那匹猛兽，就是每人各自的性情。

——中岛敦

在生活层面，加强锻炼，穿着简洁、不花哨，少吃含有添加剂的食品。

梭罗有一句名言：“简单点儿，再简单点儿！奢侈与舒适的生活，实际上妨碍了人类的进步。”他发现，当他生活上的需要简化到最低限度时，生活反而变得更加充实。因为他已经无须为了满足那些不必要的欲望而使心神分散。

我们在日常生活中也要化繁为简，使我们的生活因简单而精彩。当然，简单并不代表单一，我们可以做到简洁、细致而不单一。

05 说平凡

我们所处的世界是由无数平凡的人所创造的。平凡的人通过脚踏实地的劳动往往能创造出不平凡的事迹。伟大出自平凡，平凡孕育伟大。爱默生说：“世界上很多做出伟大事业的人，起初并不伟大。”

2016年3月11日凌晨五点多，海南省海口市一间出租屋突发大火，农村务工人员冯相军和儿子冯建宇在睡梦中听到隔壁邻居的呼救声，迅速拿起身边的大铁锤和切割机开始破窗救人。在其他邻居的协助下，他们合力救出五名被困人员。冯相军父子俩的英勇事迹被多家媒体报道后，得到了当地政府的褒扬，父子二人被推选进入“2016感动海南”十大年度人物评选。“看到别人有困难了，听着叫救命，怎么可能不救呢？谁遇到了都会上去救。救人也许就是本能的反应，是很自然的事。”冯相军说。

冯相军父子同千千万万的农村务工人员一样，是平凡的。然而面对危险，他们置生死于度外，尽自己所能去救助火海中的被困人员，他们同时也是伟大的。从他们身上，我们看到了伟大与平凡的完美结合。

就如同桌子是平凡的，椅子是平凡的，电灯是平凡的，空调也是平凡的。可是这些平凡的事物，却在我们的生活中扮演了极不平凡的角色，平凡的它们，发挥了伟大的作用。因此，要想做出伟大的事，就应该从最平凡的事开始做起，脚踏实地，走好每一步。

当一个人不能拥有的时候，他唯一能做的便是不要忘记。

——普鲁斯特

06 榜样的力量

“以人为镜，可以明得失。”各行各业的榜样人物，在不知不觉中成为我们心目中的标杆。曾经，我们以学习雷锋为榜样。今天，有许多的榜样也正在我们身边不断涌现。中央电视台每年举办的“感动中国”年度人物评选，那些获奖人物便是我们最好的学习榜样，而在诸多获奖人物中，官东是我的榜样。

他是中国人民解放军海军工程大学的一名潜水员，也是一名90后。2015年6月1日，“东方之星”号客轮在长江中游湖北监利水域翻沉。官东主动请缨加入抢险救援分队。6月2日抵达救援现场后，他立即跳入水中，在水流湍急、能见度极低的情况下，官东首先在船舱内发现一位老人。他一边耐心安抚老人的情绪，一边帮她穿戴好装备，最终将其成功救出，这是第一位被成功救出的生还者。紧接着，官东再次下水，在机舱部位找到了一位船员。因为体力严重透支，这位船员已经陷入绝望，官东毫不犹豫地将自己的装备给了他，自己冒着生命危险，仅靠轻潜装备支撑。撤退时，他身上的信号绳被缠住，危急之下，官东割断信号绳，与水面彻底失联。官东在黑漆漆的舱内摸索近20分钟，终于找到出舱口，怎料，一个暗流瞬间将他卷入深水区，而此时，装备里的氧气即将耗尽，官东果断丢掉所有装备，憋着一口气猛地往上游。由于上升速度过快，又没有面罩的保护，浮出水面时，他双眼通红、鼻孔流血。这感人的事迹赢得网友纷纷点赞。

榜样的力量是无穷的。官东很帅，但帅的不仅是他的脸庞，还有他那种军人的责任与担当。官东是真正的男子汉，也是我们学习的榜样。

07 雅俗如何共赏

自古以来所有艺术形式，无论文学、戏剧、音乐、舞蹈、绘画、雕塑、建筑等，都是在时代的大背景中逐渐形成的，并各自有着丰富的内涵意蕴。

我们发现，一些高雅的作品往往由于内容过于深奥或意境过于深远，很难让

喜欢你的人不怕麻烦也不忙。

——杨昌溢

文化水平不那么高的人理解，而那些用大众化形式构成的民间文艺，又难以登上所谓的大雅之堂。所以人们就产生了雅俗共赏的需求，希望能够兼而有之，有更多的机会接触不同的艺术形式。

倘若简单划分，中国传统文化由两大块组成：一个是雅文化，一个是俗文化。前者受士大夫以上阶层的偏爱，后者受老百姓的喜欢。二者的对立和分离一直很明确，落实到文艺方面，就产生了“阳春白雪”和“下里巴人”的隔阂。

但是，文化的发展总是处于变动中。所谓的俗文化在经过重新定位与发展后也能成为雅俗共赏的文化。2009年5月，“刘老根大舞台”成功进军北京，当年的票房收入达到6 000万元。面对多年“低俗”的骂声，“刘老根大舞台”坚持走自己的路，以雅俗共赏为最高追求目标，一跃成为中国演艺产业的一匹黑马。“刘老根大舞台”扎根百姓，坚守本色，“不求庙堂之高，但求江湖之远”，致力于为全国人民送去更多欢乐和笑声，是将传统的俗文化转为雅俗共赏的文化的成功范例。

雅文化和俗文化在社会发展的大背景下，只有顺应时代潮流，相互借鉴吸收，兼容并蓄，才能慢慢地走到雅俗共赏的道路上来，丰富与繁荣人们的文化生活。

08 舍与得

从小就听老师给我们讲“塞翁失马，焉知非福”的故事，那时年幼的我还不能懂得这个故事的真正含义。在成长的过程中我逐渐发现，每个人的一生都是短暂的，不管是帝王将相还是凡夫俗子，其精力和智力也是有限的，任何人都无法得到想得到的一切，所以必须做好舍与得这道人生的选择题。

在生活中，没有放弃就没有获得。因为很多时候，放弃是获得的重要前提，甚至有时候只有选择大的放弃才能获得大的成功。一些成功人士也正是因为做好了这道选择题，懂得放弃才赢得成功的人生。1998年，毕淑敏考取了心理学博士研究生。经过几年的刻苦学习，2003年7月，离拿到心理学博士学位的日子越来越近了，但她思量再三，最终决定放弃。这使许多人感到意外和不解。她的回答是：“我担心一个几十万字的心理学博士论文写下来，我可能就不会写小说了。”毕淑敏放弃了获得心理学博士学位之后，开设了一家心理咨询中心，结果前来咨询的人络绎不绝，点名找毕淑敏咨询的人要提前很长时间才能预约到。面对这巨大的信任，毕淑敏在感动的同时也感到了苦闷。因为整天这样超负荷地工作，她完全没有了写作的时间。面对咨询和写作不能两全的难题，她犹豫了很久，最终选择放弃经营心理咨询中心，从事她最喜爱的写作事业。放弃了博士学位与心理咨询工作的毕淑敏迎来了写作方面的发展，先后出版了《昆仑殇》《素面朝天》等经典作品，多篇文章被选入中学和小学课本，成为我国当代最具代表性的女作家之一。

“紧握拳头，你什么也没有；摊开双手，你就拥有整个世界”，这句话是对“舍”和“得”关系的形象诠释。因为在人生的很多时候：舍弃的东西越多，得到的也越多。

09 感谢对手

对手，存在于每个人的现实生活中，三国时期，周瑜就曾发出“既生瑜，何生亮”的感叹，以致摆脱不了仰天长啸、郁郁而终的命运。有的人面对对手，大度宽容、心态平和，比如廉颇和蔺相如，由对手转化为刎颈之交，成为中华民族的千古佳话。

对手总会给你带来压力，逼迫你去努力地投入到“斗争”中去，并想办法成为胜利者。在同对手的对抗中，你才能真正锻炼自己。从这一层意义上而言，你的对手既是你前进的推动力，也是你成功的催化剂。

电视剧《康熙王朝》中，康熙大帝在60寿诞之际，特举行“千叟宴”以示庆贺。在宴会上，康熙敬了三杯酒，当康熙端起第三杯酒时，说：“这杯酒敬我的敌人，吴三桂、郑经、噶尔丹还有鳌拜。”宴会上的众大臣目瞪口呆。康熙接着说：“是他们逼着我建立了丰功伟绩，没有他们，就没有今天的朕，朕感谢他们。”

确实如此，如果没有吴三桂这些敌人，康熙会有一番丰功伟绩吗？有一句话说得好：“一个人的身价高低，取决于他的对手。”没有对手，你看不出自己的价

怕什么真理无穷，进一寸有一寸的欢喜。

——胡　适

值，也显示不出你的能力。

2016年是宝马品牌成立一百周年。在宝马的竞争对手奔驰的德国官方网站上，刊登出了一张主题为“宝马百岁生日快乐”的贺卡图片，在图片的正中央，是宝马辨识度较高的车标，奔驰则低调地把其“三叉星”车标放在了右下角。贺文如下：感谢一百年的竞争，没有宝马的那三十年，是有点儿无聊！

有一个优秀的竞争对手是一件幸运的事。恐惧他、尊敬他，鞭策你、陪伴你。能和他站在一起，说明你同样优秀，你必须一直努力，才有“资格”和他“相争相惜”。

10 理论与实践

荀子曾说：“不登高山，不知天之高也；不临深谷，不知地之厚也。”这句话的意思是要想了解“天之高”“地之厚”，必须“登高山”“临深谷”。“不登”“不临”是无法了解“天”“地”的情况的。这说明，人们要想获得真正的知识，必须亲身参与社会实践。

冰川的分布是研究地质构造的重要依据，有些外国人对中国的冰川进行过考察，断言“中国没有第四纪冰川”。地质学家李四光提出“让事实说话”，对冰川的研究投入了极大的精力。1921年，他回国后在太行山的沙河市、山西大同口泉大断层附近发现了第四纪冰川遗迹，虽遭一些外国专家的否定，但他没有丧失勇气和信心，继续带领学生在太行山、九华山、天目山、庐山等地考察，又发现了许多有力的证据。1933年，李四光以《扬子江流域之第四纪冰期》为题，在中国地质学会第十次年会上做了学术演讲。会后，有外国专家私下对李四光说，如果这些遗迹在国外被发现，早就被公认是冰川遗迹了。此后，李四光加紧了对第四纪冰川的考察，先后在扬子江流域、黄山等地发现了大量遗迹，最终推翻了外国人的错误结论。其研究成果对我国掌握地下水文和构造，对发展水利建设事业起了十分重要的作用。

当你老了，回顾一生，就会发觉：什么时候出国读书、什么时候决定做第一份职业、什么时候选定对象而恋爱、什么时候结婚，其实都是命运的巨变。只是当时站在三岔路口，眼见风云千樯，你作出抉择的那一日，在日记上，相当沉闷和平凡，当时还以为是生命中普通的一天。

——陶　杰

在现实生活中也一样，光有理论没有实践是根本不行的。对大多数高中生来说，数学是一门令人头疼的学科，即使背了公式，到做题时仍不知从何入手。其实，公式只是做题的一个基础，只有多做练习，才能更好地掌握这些知识。此类事情还有很多，它们都向我们诠释着：只有理论与实践相结合，才能达到自己的目标。

面对诱惑

一个人的欲望往往是无止境的，但天下没有免费的午餐，眼前的诱惑虽然美丽，它的后面也许就有一口陷阱等着你往下跳。很多时候，人们会不自觉地被各种各样的欲望诱惑，而成功或许就是勇敢抵制诱惑、果断抓住机遇的结果。

“诗仙”李白是那样有才华，又是那样自信，“天生我材必有用”，除了他，谁还有个性和气魄说出这样的话？本来，他如果凭着自己的才气，放下自尊，依附权贵，仕途将“一帆风顺”。但他没有，他拒绝了诱惑，高傲地写出了“安能摧眉折腰事权贵，使我不得开心颜”的豪言壮语。李白正是拒绝了诱惑，选择了听从自己的心，才留下了大量脍炙人口的诗篇，成就了“诗仙”的美名。

我国著名的铁路工程师詹天佑，设计修建了我国第一条铁路“京张铁路”。其实，詹天佑留学海外时就因成绩优秀而被国外大公司承诺重金聘用，并为他提供最好的科研环境。但詹天佑拒绝了，不是因为诱惑不够大，而是他心中装着祖国。虽然当时中国各方面都很落后，但他毅然选择回国，承担起科学兴国的重任。詹天佑拒绝诱惑，虽然失去了国外优厚的工作待遇和优越的生活条件，但是他赢得了祖国人民的赞誉。拒绝诱惑，让他的人生有了崭新的轨迹，有了更深的意义。

当我们面对诱惑时，只有坚定地拒绝，才能构筑成功的堡垒，因为只有用辛勤的汗水浇灌的花朵才会散发馨香。当我们从容地跨过诱惑这道坎时，才能领略到人生旅途中那片最美的风景。

中国人的性情总是喜欢调和、折中的，譬如你说，这屋子太暗，说在这里开一个天窗，大家一定是不允许的。但如果你主张拆掉屋顶，他们就会来调和，愿意开天窗了。

——鲁　迅

12 责任心

责任心是指个人对自己、他人、家庭、集体、社会和国家所负责任的认识、情感和信念，以及与之相应的承担责任和履行义务的自觉态度。

二战时期，英国特工得到指令：假如被俘，必须保持至少48小时的沉默，以便同伴有时间逃脱。这48小时是底线约定，沉默正是对同伴的责任。

不仅如此，责任心还体现为社会使命。明末清初顾炎武的“天下兴亡，匹夫有责”，激发了无数人“位卑不敢忘忧国”的情怀。尤其是鲁迅先生所指的“中国的脊梁”，那些埋头苦干、为民请命、舍身求义的人，之所以能够彪炳千秋，说千道万，只因一颗舍我其谁的责任心。

不容回避，当下出现的环境污染、食品安全、学术造假等问题，都是当事人责任心缺失的表现。究其原因，则与“搭便车”心理有关——反正也不缺我一个负责。但是，假如大家面对责任都这样后退半步，不去担负基本的责任，甚至打心底不尊重法律规定，那谁还会尽职尽责？

责任心还出于人的良知，体现在日常的点点滴滴。就像上班面对客户微笑，讲课面对学生认真耐心，生产讲求真材实料……这些行为看似普通，却都镌刻着“责任”两个大字。责任无小事，担责是本事。当越来越多的人对自己的言行负责，将自己的分内之事做好，人们将生活得更加省心。

正如梁启超所说：“人生须知负责任的苦处，才能知道尽责任的乐趣。”任何人在世上都不可能孤立地生存，相互依靠必然要求相互负责。对社会负责从根本上说是对自己负责。假如一个人对自己都不负责，怎么可能对他人负责？自我担当是对他人担当的前提，也是对社会担当的基石。

13 等待机会与创造机会

有这样一句话：“弱者等待机会，强者争取机会，智者创造机会。”如果让我

如果当初我勇敢，结局是不是不一样；如果当时你坚持，回忆会不会不一般。最终我还是没说，你还是忽略。

——岩井俊二

在等待机会与创造机会中做一个选择的话，我选择创造机会。

狄更斯曾说过："机会不会上门去找人，只有人去找机会。"这句话告诉我们，不要一味地等待，有时候要靠自己创造机会。《守株待兔》里的主人公因为一只兔子误撞木桩而死，从而天天在树桩旁等待"奇迹"再现，却没有等到一只兔子。这告诉我们一个简单的道理：机会不是你等待就会来的，它需要自己创造、自己争取、自己把握，人的命运掌握在自己手中。

贝多芬未成名时，拜访过当时已经颇有名望的音乐家莫扎特，希望他帮忙引荐一下自己，但莫扎特不轻易给别人写引荐信，于是贝多芬打算通过自己的音乐才华让莫扎特帮助自己。当时莫扎特正在与别人聊天，他顺手递给贝多芬一首曲子，要他弹奏一下。贝多芬拿到曲子后坐在钢琴前面，心里想："我的琴声难道真的吸引不了莫扎特吗？我一定要把他的注意力吸引过来。"于是他开始在原有的乐谱上发挥，激扬的琴声果然把莫扎特吸引过来了，莫扎特赞赏了贝多芬，并给他写了引荐信。正是贝多芬创造并把握了这次机会，才让他成功得到莫扎特的赏识和指点。如果他只是一味地等待，而不知道创造机会，那么很可能就不会有后来的贝多芬了。

在互联网技术高速发展的今天，机遇与挑战并存。也许你是千里马，却不一定能遇上伯乐，因此，你要主动创造机会，展示自己，才能得到认可，实现自己的价值。机会不可能不劳而获，它需要我们自己去把握、去创造。

14 我看社会公德

如果针对"怎样遵守社会公德"这个话题做一个街头采访，可能接受采访的绝大多数人都能说出应当助人为乐、爱护公物、保护环境、遵纪守法，等等。但遗憾的是，在生活中，不遵守社会公德的行为却时有发生。也就是说，人们已经意识到了问题，却没有用行动来解决问题。

我对很多年前的一则公益广告印象深刻：一个中年人到餐馆吃早餐，当听到邻桌男士打开一次性筷子发出一声刺耳的"咔嚓"声时，他不由地发出感慨："这

许多事情就是这样：做对了未必得到奖励，但做错了，就一定会受到惩罚

——林 肯

一年得浪费多少树木啊！”。可令人没想到的是，他自己吃东西时，也拿起一次性筷子打开并伴随着刺耳的“咔嚓”声，此时出现了一句沉重的画外音：“你已经意识到了，你做到了吗？”

在很多人看来，社会那么大，自己一个人的行为不会对整个社会造成什么不良的影响，但是当大家都有这种想法的时候，我们的社会公德就会逐步沦丧。就如教室的环境一样，一个人乱扔垃圾对整个班级的清洁卫生影响较小，但如果班级里大多数人都乱扔垃圾，整个教室的卫生环境就会变得很糟糕。

“从我做起”，这句口号我们听得很多，却没有真正落实到行动上。汉字非常奇妙，一个人去做并影响他人，这个“人”字就变为由两个人组成的“从”字，当两个人去做并逐渐影响到身边人或所在集体时，这个“从”字就变为了“众”字。遵守社会公德，我们每一个人都应从自己做起，由“人”到“众”，用实际行动影响他人，而不要仅仅成为“只说不做”的“思想巨人”。

15 美丽与魅力

爱美之心人皆有之，这是人之常情。

一般情况下，“美丽”多指视觉上的外在美，而“魅力”则是一种内在的品格、修养的综合体现。大多数时候，我们能够一眼看见光彩照人的美丽；而魅力却要用心去感受，因为魅力不能被直接看见。而这种看不见说不出的魅力，才是真正的美丽，是一种打动人心的力量。

现在，人们的生活越来越好：社会太平、丰衣足食、安居乐业。每个人都有自己对美好的追求，老年人错过了追求美的岁月，想借如今的幸福生活加以弥补。刚懂事的孩子，在年轻父母的影响下，也较早懂得了爱美。

其实，美丽，不只是外表的好看。那些天生丽质的人，如果又有较高的道德素养，即使不化妆，也不会掩盖他们的美。这种自然的外表美与内在的道德美结合在一起才是真正的美。

美丽是有条件的，那就是学识和才干。不管你多么美，如果德才全无，是很难

一个人如果大半生都处于孤独中，那么孤独也就不再能称之为孤独了。那状态说不定反倒是一种独立的、充满自信的，甚至可从说是积极向上的乐观生存方式。

——矶崎宪一郎

赢得人们长久的赞赏的。美丽与魅力其实没有一个明显的界定。只是魅力是可以通过修炼不断增加的，但美丽却不是永远的。所以只有不断提升自己的内在魅力，生命之花才会更加光彩夺目。

16 人生的意义

看到这个题目，我首先想到一句话："有的人活着，他已经死了；有的人死了，他还活着。"人生不在于它的长短，而在于它的意义。

人生就像一条正弦曲线，有希望的巅峰，也有失落的深谷，这是每个人的必经之路，没有人可以说他的生活中只有欢乐与愉悦，没有痛苦与彷徨；也没有人可以说他的生活之路只有平坦，没有坎坷；更没有一个人可以说他的一生只有鲜花与掌声，没有荆棘与陷阱。人生其实就是一个矛盾统一体。

王昭君，一个脆弱而又坚强的女子，伴着《出塞曲》缓缓走出长安，带着中原文化来到匈奴，给他们带来了新的生活。她用自己毕生的幸福换来中原与边疆的和平安定，她的人生也因为奉献和牺牲而有意义。

舞蹈《千手观音》让人们记住了一个女人——邰丽华，可谁又知道她成功背后的辛酸故事呢？从小就是一个聋哑人的她，生活在一个无声的世界里，这对一个酷爱舞蹈的人来说是多么沉重的打击啊。但她并没有气馁或者消沉，而是用毅力和决心演绎了自己辉煌的人生。最终，春晚上的《千手观音》赢得了亿万观众的喝彩与肯定，她的人生因为她的勇气和坚持而有意义。

可如今身体健康的我们又是如何运用时间的呢？有人沉迷于网络游戏，有人因为一次挫折就开始自暴自弃。我们是不是应该反思一下，怎样的人生才是有意义的呢？

我认为，没有意义的生活就是对人生的一种浪费，我不喜欢浪费自己的青春，所以我选择有意义、充实地生活在这个世界上。

你遇见的每张新面孔都会印着旧模子的痕迹，是你为他们各自佩戴了相应的面具。

——卡尔维诺

17 我看“AA制”

“AA制”是指人们在聚餐或旅游等共同消费时，参与的每个人平均分摊费用的方式，是目前很多年轻人的选择。为了支付方便及避免“要账”的尴尬，微信钱包还特意开设了“AA收款”的服务。

对还没有赚钱能力的中学生来说，集体活动的费用大都是采用“AA制”的方式支付，这样既使大家在金钱上没有什么顾虑，又体现了公平合理，大家相处得也更加融洽。但是对于父辈而言，“AA制”显得有些不可理喻，对于一些年轻夫妻之间的“AA制”生活他们更是不可想象。他们认为要争抢着买单才能显示出情谊的深厚，谈“AA制”会伤害双方的感情。

我认为，“AA制”更有利于友谊的健康发展。首先，如果大家轮流买单，会造成很多浪费。在传统的“礼尚往来”观念中，即使是朋友之间也要你请我吃一顿，我回请你吃一顿，否则就是对朋友的不尊重。试想如果有5个人聚餐，5个人轮流请客，要5次才能结束，而“AA制”一次就可以解决。其次，很多时候如果费用过高，会让一些经济条件不允许但又好面子的人陷入尴尬之中，甚至用透支信用卡或借贷的方式“打肿脸充胖子”来买单，但如果采用“AA制”则可以解决这个问题。最后，“AA制”强调的是各自承担义务，使得朋友之间两不相欠，不至于产生谁欠谁的心理负担。

当然，针对“家族年夜饭都要‘AA制’”这样的新闻，我认为家庭的团圆饭一年只有一次，虽说“亲兄弟明算账”，但团圆饭都如此计较难免会让亲情变了味，实在不符合我们国家的传统观念和做法，无疑是对千百年来我国传统亲情观念的伤害和割裂。

18 感恩

感恩是一种处世哲学，也是生活中的大智慧。一个有智慧的人，应该学会感

人在的时候，以为总会有机会，其实人生就是减法，见一面少一面。

——北　岛

恩，为自己已有的而感恩，感谢生活的赠予。

美国第32任总统罗斯福就常怀感恩之心。据说有一次家里失窃，被偷了许多东西，一位朋友闻讯后，忙写信安慰他。罗斯福在回信中写道："亲爱的朋友，谢谢你来信安慰我，我现在很好，感谢上帝，因为：第一，贼偷去的是我的东西，而没有伤害我的生命；第二，贼只偷去我部分东西，而不是全部；第三，最值得庆幸的是，做贼的是他，而不是我。"对任何一个人来说，失窃绝对是件不幸的事，而罗斯福却找出了感恩的三条理由。

感恩是一种回报。回报母亲，因为她给了我们生命；回报老师，因为他给了我们知识；回报自然，因为它给予我们生存的空间。生活的每一天，我们都应充满着感恩情怀，学会宽容、学会承受、学会付出、学会回报。

羊有跪乳之恩，乌鸦有反哺之情。更何况人呢？面对曾经帮助自己的人，我们需要尽最大努力去回报。人们常说的"滴水之恩，当涌泉相报"，讲的就是感恩。

感恩是一个人应该拥有的品质，也是一个人拥有健康性格的表现。生活、工作、学习中都会遇到别人给你帮助和关心，也许你不能一一回报，但是必须对他们表示感恩。我们从来到这个世界上的那一刻起，便拥有了太多太多。感恩，让我们的心胸更加宽广，让我们能够心无旁骛地享受生活。感恩是爱和善良的基础，常怀感恩之心，可以让我们活得更加美丽，更加充实。

19　不问收获，只问耕耘

"不问收获，只问耕耘"，这句话的意思是，做一件事情，不要先急着求成绩，而要把心用在做事的过程中。相信一分耕耘，一分收获，但不要一开始就为了所谓的收获给自己徒增压力。

有人说，人生中重要的不是结果，而是过程。中国女子羽毛球运动员张宁，在她29岁"高龄"时，到达了运动生涯的巅峰，取得了奥运会女子羽毛球单打冠军。记者问她状态如此之好的原因。她说："以前我是为取得好成绩而训练、比赛，现在我是喜欢羽毛球运动，享受训练和比赛。"她的成功从一个侧面向我们诠释了

你没有如期归来，而这正是离别的意义。

——北　岛

过程与结果是一种辩证关系：只有懂得享受过程，才可能会有好的结果。

生活中，我们总是为了某个目标而奋斗，如果我们没有学会享受奋斗的过程，那生活不免索然无味，同时我们也会沦为过程的奴隶，整天被过程所苦。所以古之英雄墨客，即使身陷困境，也依然享受过程，怡然自乐。荆轲刺秦王，犹放声高歌“风萧萧兮易水寒，壮士一去兮不复返”；曹操兵陷华容，也朗声大笑周瑜无谋，诸葛亮少智；李白一生不得志，但也放声“安能摧眉折腰事权贵，使我不得开心颜”……他们都懂得享受过程，所以不惧困难，终有所成。

在生活中，也许我们准备充足地去竞选，最终却落选；认真复习了功课，却没有在考试中取得理想的成绩……但我们努力了，相信暂时的失败不过是我们通往成功路上的一块垫脚石。我们需要做的就是：不问收获，只问耕耘。

20 知足常乐

知足常乐，这句话告诉我们在生活中面对得失要有一种平和的心态。有个老婆婆，有两个儿子，一个做卖伞的生意，一个做卖盐的生意。天气晴朗的时候老婆婆替卖伞的儿子担忧，下雨的时候又替卖盐的儿子担忧。邻居对她说，天晴时你应该想卖盐的儿子可以多卖一些盐了，下雨时你应该想卖伞的儿子能多卖些伞了。老婆婆这样一想后，性格变得开朗多了。这个故事虽然很简单，却告诉我们面对得失要保持平和心态的重要性。

但是，因为知足，人们容易满足于现状，不思进取；因为知足，人们容易放弃拼搏与努力，失去继续攀登高峰的动力，不求上进。大凡成功人士，无不从“不知足”开始起步。世界钢铁大王安德鲁·卡内基出身贫寒，他刚工作时只不过是一名锅炉工，如果他仅仅满足于烧好锅炉，当好锅炉工，那他顶多不过是一名称职的锅炉工，不可能成为世界钢铁大王。亨利·福特是一名农庄主的儿子，他的父亲希望他成为一名农民，然而不满足于现状的他，身无分文地跑到城市里闯，经过一番拼搏，成为世界上第一位使用流水线大批量生产汽车的人。这项技术不但革新了汽车工业生产方式，而且对现代社会和文化产生了巨大的影响。福特创立的福特

优于别人并不高贵，真正的高贵应该是优于过去的自己。

——海明威

汽车公司，也成为世界著名汽车品牌。

试想，如果原始人对生活都那么知足，我们就只能停留在茹毛饮血、刀耕火种的水平，有什么快乐可言？从我国"两弹一星"的成功发射，到神舟十一号飞船的顺利返回，都证明了"不知足"推动着科学技术不断向前探索和创新。

知足是社会和谐稳定的基础，不知足是社会发展前进的动力。知足是为了现在好好地活着，不知足是为了明天活得更好。这股巨大的动力，推动人类社会不断进步，推动社会文明不断发展。

21 选择

选择，对于人生来讲非常重要，但很多人在明白什么是正确的选择时，往往已经太迟了。人生路上，关键是明白自己想要什么。每个人都要结合自身素质和客观条件，选择自己的人生目标，走出一条适合自己的人生之路。如果选择了一条正确的道路，那么人生旅途就可以减少许多烦恼和遗憾。

霍去病屡立战功，获得了高官厚禄，但他把个人享乐放在一边，一心以国家利益为重。河西战役胜利后，汉武帝为了奖励他的卓越战功，特意命人在长安为他建造了一座豪华住宅，叫他去看看是否满意。霍去病谢绝了汉武帝的好意，并豪壮地说："匈奴未灭，何以家为！"这句传诵千古的名言就是霍去病光辉一生的写照。霍去病在显贵的待遇和国家的责任之间作出了自己的选择。

哲学家苏格拉底曾经让他的学生在苹果林里挑选一只最好的苹果，过程中只能往前走，不能回头。一些人在抉择途中，先是看见一个好苹果，为了后面能拿到更大的，一直没有下手，最后走到林子尽头时，才发现先前的那个苹果最好；另一些人，一开始就摘下了自认为最好的果实，途中却发现另外的苹果比自己手中的好，后悔不迭。然而人生就是这样，不容你再次抉择。

摘取人生果实时要相信自己的选择，并理智地面对它。如果人生之路不尽如人意，我们也不必为此悲痛，而要勇敢地接受它，因为生命不容许后悔。无论前方道路是崎岖还是平坦，无论未来是否会有更大的风浪，请勇往直前吧！

有时候真的觉得你傻，学不会争功劳，学不会说漂亮话，学不会借着别人往上爬，学不会一切在这个世界上可以活得更好的生存技能。不是不聪明，却学不会卖弄聪明；不是不努力，却学不会显摆努力。但是，你也许不够成功，不够招人喜欢，不够扬眉吐气，至少，你够真实。

——几　米

22 竞争与合作

竞争，是指个人或集体在一定范围内为谋求他们共同需要的资源而进行比较、追赶和争胜的过程；而合作则是指个人或集体为达到共同的目的彼此配合的社会行为。二者相互联系，对立统一，竞争中有合作，合作中也会有竞争，所以我认为应该客观地看待竞争与合作，竞争诚可贵，合作价更高。

曾经听到过这样一个故事：一位外国人在中国找了几个孩子做实验，让他们做一个游戏，他把几个拴着细线的小球放进一个瓶子里，瓶口很小，一次只能允许一个小球通过。他说："这是一个火灾现场，每个人只有逃出瓶子才能活下去。"他让每个孩子拿一根细线，时间开始了，只见几个孩子从小到大，依次把小球取出来了。他很惊讶，因为在许多国家做这个实验，没有一次成功，那些孩子无一例外地都争先恐后地把细线拼命往上拉，导致最后一堆小球堵在瓶口。可见，面对竞争，与他人合作，更有利于自己和他人。

刘国梁和孔令辉既是我国乒乓球界实力相当的竞争对手，也是情同手足的合作伙伴。他们师出同门，一起打进1995年世乒赛男子单打决赛。当男子单打冠军真的摆在面前时，他们意识到了结局的残酷，最终孔令辉略胜一筹，摘得男单桂冠。可刘国梁并没有灰心丧气，有的只是对朋友、对对手发自内心的祝贺。后来，他们携手夺得1996年奥运会男子双打冠军。

现今社会是一个充满竞争的社会，同样也是一个呼吁合作的社会。我们只有处理好竞争与合作的关系，才能在社会上立足。竞争是合作的目的，合作是竞争的基础，人与人之间的竞争与合作，是我们社会生存和发展的不竭动力。所以，我们既要学会在合作中竞争，也要学会在竞争中合作。

23 谈谈幸福

什么是幸福？我想每个人的感受都不一样。两个相爱的人能相伴到老，历经

人生起伏，境遇各不相同，再重逢有人在高山，有人在低谷，能述说的都只是琐碎和日常，真正的孤独难以启齿。

——扶　南

风雨是一种幸福；拥有美好的童年、温馨的家庭是一种幸福；实现自己的梦想，心想事成也是一种幸福……幸福，有很多种表现形式，但总的来说，它是一种源自内心最真实、最满足、最快乐的感受。

不同的人，在面对同一件事的时候，有的人觉得不幸，有的人却觉得是幸运的开始。正如塞翁失马，焉知非福，暂时的失去也许会换来更多的拥有。幸福，往往取决于心态的好坏。一个富人看一个穷人，会觉得他穷困潦倒，生活得一点也不幸。然而，穷人却觉得他有爱他的妻子、可爱的女儿，生活得很幸福。

我认为，幸福不是物质上的富足，而是精神上的满足。每个人都拥有属于自己的幸福，如果常常羡慕别人所拥有的，就会忽视自己拥有的幸福。

如今，幸福指数这个词经常会被人提到，它主要指的是人们对生活的一种幸福感。谈及这一感觉，被评为优秀教师的重庆市乡村教师宁老师，便深有体会。她说："走在上下班的路上，一声声'老师好'，带给我愉悦的心情，一天的工作在快乐中开始，在略带疲劳却又幸福的路上回家，简简单单却有甜甜的感觉。"

你看，幸福其实就在我们身边。多想想此刻拥有的，忘记那些失去和遗憾的，你会发现，幸福其实很简单！

24 主角与配角

配角与主角的关系就像春泥与鲜花的关系，如果没有深扎地下的泥土，花朵绝不可能安然吐露芬芳。然而人们往往只看到绽放的娇美，纷纷争当花朵，仿佛只有这样才能体现生命的价值。

对于人们想成为主角的心态是可以理解的，因为这是人的本性使然。

20世纪90年代称霸NBA赛场的是芝加哥公牛队，这个王朝最核心的球员便是乔丹，而乔丹最得力的助手皮蓬，不管打得有多好，在芝加哥公牛队永远只能是老二。从球技上看，乔丹能做的，皮蓬基本上都能做到，但皮蓬需要乔丹的引领，才能催生自己的激情。在这种默契中，皮蓬是乔丹的绿叶。整支公牛队始终有着稳定的向心力，无形中增强了乔丹的威信。乔丹退役之后，人们一直在寻找下一个乔

大为谦卑的时刻，便是我们接近伟大的时刻。

——泰戈尔

丹，然而，尽管科比、艾弗森等人已经和乔丹的水平非常接近，但他们都无法与乔丹比肩，因为他们身边没有像皮蓬那样甘当绿叶的“全能战士”。

每个人都是独立的个体，每个人都有不同的社会角色：在家要当好儿女的角色，在学校要当好学生的角色，在朋友那儿要当好伙伴的角色……不论是在生活中还是学习中，人不可能一直是配角，总有一个位置，我们会成为主角。所以，当我们为主角喝彩时，请别忘了也为主角背后默默支持的配角送上祝福。

25 宽容

宽容就是有器量、不计较、不追究的意思。宽以待人、宽大为怀，这是中国人的古训，也是当今我们立足于社会，求得自身发展的基本要求。

宽容不是软弱。不斤斤计较，不与人深究，并不是畏惧，而是不想把矛盾激化，不想两败俱伤。雨果说：“最高贵的复仇之道是宽容。”林肯当选美国总统后，他对政敌的态度引起了一位官员的不满。这位官员批评林肯说：“你为什么试图跟那些敌人做朋友？你应该想办法打击他们、消灭他们才对。”林肯平静而温和地说：“难道我不是在消灭我的敌人吗？当他们变成我的朋友时，就没有敌人了。”面对敌人，大多数人可能会毫不留情地把他们消灭，因为对敌人的仁慈就是对自己的残忍。这话听起来很有道理，但事实却非如此。正如一位哲人所说的：“我们的成功，也是我们的竞争对手造成的。”所以在某些时候，我们要像林肯那样，用宽容的态度去对待敌人，用宽容来化解矛盾。

当然，宽容并不是对坏人坏事的纵容，而是一种善意的警醒。相传古代有一位老禅师，一天晚上在禅院里散步，突然看见墙角有一张椅子，便知道有学僧违反寺规翻墙出去玩了。老禅师不声张，走到墙边移开椅子就地蹲了下去。过了一会儿，果然有一个小和尚翻墙，黑暗中踩着老禅师的背脊跳进了院子。当他双脚着地时，才发觉刚才踩的不是椅子，而是自己的师傅。小和尚顿时惊慌失措，不知怎么解释。但出乎他意料的是，师傅并没有严厉地责备他，只是用平静的语调说：“夜深露重，小心着凉，快回去休息吧！”老禅师宽容了他的弟子。他知道，宽容也

用幽默的方式指出他人的过错，比直截了当地提出更能为人接受。

——老　舍

是一种无声的教育。

宽容是一种度人的智慧，以善心对待他人，就如同那芬芳的花朵在感召人的灵魂。

26 昨天　今天　明天

有人说：人的一生有三天——昨天、今天、明天。这三天组成了人生的三部曲。但我说，人的一生是由无数的今天构成的，因为不珍惜今天的人，既不会感怀昨天，也不会憧憬明天。昨天很重要，它构建了我们的记忆；明天也很重要，它让我们有了憧憬和梦想；但最重要的是今天，今天才是实实在在可把握的时间。

人生苦短，我们要告诉自己：怀着良好的心态过好每一天，活在当下。活在当下，就是要把握每分每秒，认真生活。哪怕现在处于"水深火热"之中，也要把困难当作人生的历练，勇敢面对。历史上有大成就的科学家，往往是那些分秒必争、专注现在的人。我们试想一下，爱因斯坦如果沉溺于梦想，而不珍惜现在，不踏实钻研，他能有令人瞩目的科学成就吗？霍金如果沉溺不幸，消沉自弃，而不正视现实，不努力探索，他能写出《时间简史》吗？我想答案都是否定的，历史的经验告诉我们：成功就是由一分一秒的无数个当下组成的。活在当下，就是要珍惜一分一秒，珍惜现在的生活，珍惜现在拥有的一切。

昨天已是过眼云烟，再也无法挽留，如果你总是为了取得一点成绩而沾沾自喜，或是因为做错一件事情而愁眉不展，那么你就陷进了昨天的泥潭。同时，你今天的时间也会从你的沾沾自喜或愁眉不展中悄悄流逝。所以，趁着明天还未到来，我们要抓住今天，这样才会迎来硕果累累的明天。不管过去怎样，不管将来怎样，只有活在当下，活在今天，才能活出灿烂的自己。

墙角的花！你孤芳自赏时，天地便小了。

——冰　心

27 当机遇来敲门

在生活中，我们总能听到许许多多的抱怨，人们总把自己的失败归结于客观原因，却从来不找自己的原因。俗话说：“机遇总是留给有准备的人。”既然我们无法知晓机遇到来的时间，那么为什么不能在机遇到来之前，做好准备呢？因为只有这样，更大的机遇与惊喜才能来到你的身边。

2012年2月27日，中国建筑师王澍荣获2012年建筑界的“诺贝尔奖”——普利兹克建筑奖。从此，世界建筑殿堂上有了中国人的姓名。王澍1981年考入南京工学院建筑系，毕业前夕，导师特别叮嘱他：“切忌急功近利，要守得住寂寞，多思索，多体验，厚积薄发。”毕业后的整整10年，他没有参与任何一座房子的建造，一直扎根于文化的吸收与领悟中，扎根于最基础的实践与探求中。他常常与工匠们一起工作，充分发掘建筑材料的再利用价值，从各地的拆房现场收集了700多万块不同年代的旧砖弃瓦。这些积累，终于成就了《瓦园》的惊艳出世。此后，王澍一发不可收拾，苏州大学文正学院图书馆、中国美院象山校区、宁波历史博物馆等系列经典建筑相继问世。这些作品，让西方建筑界权威人士毫不吝啬地将普利兹克建筑奖破天荒地颁给了中国人。如果王澍毕业之后就急急忙忙投入到建筑设计中，设计出来的作品就会少了10年的思考和沉淀，就无法彰显出厚重的文化底蕴，也就难免被打上“普通、平庸”的烙印。

所以，在机遇来临之前，要守住寂寞，打好人生的基石，才能在敲门声响起时，自信地打开成功之门。

28 理想很丰满，现实很骨感

现实和理想有一些距离，在生活中很多人都会遇到这个困惑。前段时间一则报道就引人深思：19岁的少女小曼为了使自己一夜成名，从16岁开始辍学，迄今已参加超过百场的选秀比赛，甚至还参加过与自己年龄并不相符的电视相亲节目。

有一次，我梦见我们彼此都是陌生人，醒来才知道我们原是相亲相爱。

——泰戈尔

为了包装自己，她采用绝食、哭闹等方法，希望家里能拿出10万元支持，下岗在家的母亲因此被气病。这就是一出典型的理想与现实冲突的闹剧。“丑小鸭”蜕变成“白天鹅”是让人无限遐想的画面，这种“理想”，自然深刻地影响着年轻人稚嫩而充满幻想的心，可是“现实”呢？为了选秀，东奔西跑的花费以及各种支出会让她原本并不宽裕的家庭雪上加霜，再逼父母拿出10万元支持其选秀就成了一种“残酷”。人们常常说，有理想才有目标，有目标才有动力。这句话本身没有错。但是，一个16岁的女孩子为了成名，早早地放弃了学业，为了圆那个遥不可及的“明星梦”而想走捷径，这种脱离了现实的“梦想”，显然是实现不了的。

万通控股董事长冯仑，在中央电视台综合频道《开讲啦》节目中这样阐述理想与现实：“一谈理想难免要谈到现实。大家总是说，‘理想很丰满，现实很骨感’，我们永远都在讲理想，永远都不能和理想拥抱在一起。我是这么看：理想永远是从现实中孕育出来的，因为不满，所以有梦想；因为没有，所以才需要；因为很弱小，所以想强大。”

克雷洛夫说：“现实是此岸，理想是彼岸。中间隔着湍急的河流，行动则是架在川上的桥梁。”这形象的比喻说明理想正是我们精神境界里最崇高的、最成功的终点，但愿我们每个人都能既正视当下，又能实现理想。

29 传统与现代

有一年某省份的高考作文题是一张图片，一只抓老鼠的猫和几只坐在桌前吃鱼的猫见面，桌前的猫对抓老鼠的猫说：“都什么时代了，有鱼吃还捉什么老鼠。”我觉得这张图正好契合了今天的题目，捉老鼠的猫传统，吃鱼的猫现代，而我的观点是：兼传统，容现代。

猫吃鱼还是捉老鼠的例子其实还有很多，例如“有手机短信还用登门拜年吗？”“有百度知道还用去买那些工具书吗？”“有电子邮箱还用一笔一画写信吗？”科学技术的发展进步，使我们的生活质量逐步提升，但是我们依旧不能丢失传统文化。试想，如果有一天因为电脑的普及，只剩下很少人会写传统的毛笔字；

人人都想改变世界，却没有人想到改变自己。

——托尔斯泰

因为流行歌曲的传唱，几乎没人欣赏中国的传统戏剧，是多么悲哀的一件事啊！所以，我们在接受现代革新的同时，也一定不要丢掉传统。

优秀的传统可以对我们的生活起到积极的促进作用，我们应该继承发扬下去。而随着科技的进步、社会的发展，新鲜事物也越来越多，我们也不能一直墨守成规，要有所创新和改变，在继承中发展。

在如今电灯早已普及的年代，我们依然要在过生日时点燃蜡烛，在那样特殊的时刻，我们需要的不只是光明，更需要一种温馨的氛围。在感恩节、情人节、圣诞节传入中国，人们跟随潮流去过“洋节”的同时，也一定不要忘了传统的端午节、中秋节、春节，我们一定不能在接受现代的同时，丢了传统。

鱼与老鼠的关系，显然和鱼与熊掌的关系不同。后者不可以兼得，而前者，却都是猫所喜爱的食物，完全可以兼得。传统文化和现代文化，完全可以在当今社会中共同存在、共生共荣。

30 转换思维

生活中，我们总会遇到一个又一个难题，当面对一些难题“山穷水尽疑无路”的时候，我们不要“不撞南墙不回头”，应该重新去找出路。因为条条大路通罗马，很多看似难以解决的问题，只要稍微变通一下就会豁然开朗，从而“柳暗花明又一村”。

美国旧金山的金门大桥横跨1 900多米的金门海峡，连接北加利福尼亚与旧金山半岛，大桥建成通车后，大大节省了两地往来的时间。但是新问题随之出现，由于出行车辆很多，金门大桥总会堵车。原先金门大桥的车道设计为“4+4”模式，即往返车道都为4道，这是非常传统的设计。当地政府为堵车的问题迟迟不能解决感到头疼，如果筹资建第二座金门大桥，那必定得耗资上亿美金。于是，当地政府决定以重金1 000万美元向社会征集解决方案。最终，一个年轻人的方案得到政府的认可，他的解决方案是将原来的“4+4”车道改成“6+2”车道，上午向南车道为6条，向北的车道为2条，下午则相反，向北的为6条，向南的为2条。他的方案

读书与上学无关，那是另一码事：读，在校园以外，书，在课本以外。

——北 岛

试行之后立即取得了显著的效果，困扰多时的堵车问题迎刃而解。传统的“4+4”车道忽略了高峰期车辆出行的方向，上午市民上班造成向南车道拥挤，下午市民下班造成向北车道拥挤。而“6+2”车道恰到好处地利用车辆出行的时间差，合理地利用另一半车辆少的车道，这样，同样是8条车道，“6+2”取得了明显大于“4+4”的效果。

在人生的马路上，对面“禁止通行”的符号不是让我们停止不前，而是提醒我们该转个弯。同样，在遇到失败与挫折时，与其怨天尤人，不如打破思维定势，让思维转个弯，用智慧的力量，变消极为积极，让挫折成为成功的铺路石。

31 心有多大，舞台就有多大

每个人的心中都有一个舞台，在这个舞台上面，你可以尽情发挥自己的聪明才智，去创造属于你的精彩；在这个舞台上面，你可以打开心扉，去做自己想做的事情；在这个舞台上面，你可以张开自己的翅膀，去追逐梦想。就算身处黑暗之中，也可以用心灵为自己点亮一盏明灯，照亮前方的路。

《疯狂动物城》是网友评分很高的一部影片，也是令我很有感触的一部电影。众多动物在编剧和导演的惊人想象力下，为大家演绎了一个充满梦想与爱的故事。在这个疯狂的动物城里，有被嘲笑却始终坚持梦想的兔子朱迪，有表面奸诈骨子里却善良友好的狐狸尼克，也有看上去人畜无害却包藏祸心的羊副市长……电影中说的虽是动物世界，但从中也体现了许多做人做事的道理。

影片中的兔子朱迪从小立志做一名警察，虽然警局一直都是大块头动物的天下，但是朱迪并没有向现实低头，而是通过自己不懈的努力，以第一名的成绩考进了警局，成为一名真正的警察。梦想还是要有的，万一实现了呢？在追逐梦想的路上，困难与怀疑总是常伴左右，有的人坚持下来了，有的人在途中放弃了。

朱迪作为一只瘦小的食草类动物，原本可能会像她的父辈一样安分地做一个种胡萝卜的农民。尽管她的父母曾劝诫她，选择安稳才是最好的，不要去尝试未知的道路，但是她始终不甘于平庸，不断尝试改变自己的命运。只要努力尝试，便

最好的文章，是作家的自然的流露，不堆砌，读的时候不觉得是在读文章，而是在读一个生命。

——林清玄

有无限可能，朱迪一直坚持这一信念，即便在工作中屡次受挫，她都不放弃、不动摇，跌倒了再次站起来。朱迪追梦的过程，正好完美地诠释了“心有多大，舞台就有多大”这句话的内在含义。

所以，我们永远不要放弃自己的梦想，因为逐梦的过程，也是人生之中美好的经历。

32 明天更美好

人生不可能总是一帆风顺，难免会遇到不如意的事情。坎坷、挫折和不幸总是会在不经意间给我们沉重的一击。我们会因此痛苦不堪、流泪不止甚至从此消极度日。然而，是明天，在前方向我们发出诱惑且耀眼的光芒，让我们在今天，对生活再次燃起希望。也许今天阴雨绵绵，寒风瑟瑟，但明天可能会阳光灿烂，所以我们要始终怀揣着梦想，充满自信地走向明天。

新东方创始人俞敏洪两次高考失利，第三次终于考上北京大学；聚美优品CEO陈欧面对人们的质疑，毅然选择进入美妆行业，最终成为“为自己代言”的青年企业家。如果他们在面对困难和挫折时，选择退缩或者放弃，一定不会有今天的成就。因此，在我们面临困难时，一定要有“相信明天更美好”的乐观心态。

听着容易，做起来难。生活中又有多少人面对一点挫折就选择放弃呢？考试成绩不如意开始自暴自弃，工作、感情上失意受挫，甚至产生自杀的念头，都是心理素质不好的表现。人生道路不可能一帆风顺，即使偶尔不如意，也不要抱怨上天。路途中时而坎坷艰辛，时而垂柳轻拂，关键是看你如何来把握生活，享受生命。如果你微笑面对每个人、每件事，你就会看到灿烂的阳光，迎接你的将是一路的欢声笑语，你的明天也就会更加美好。

“明天更美好”不仅是一种期待，更是一种心态。让我们微笑面对过去，把所有失意留在昨天，用乐观的心态迎接明天，迎接我们的未来。

口袋里最好带着一支笔，把自己的思想随时记录下来，那些不经意思索而来的念头，往往是最宝贵的念头，应加以保存，因为它们一去很少复返。

——培　根

33 吃亏是福

“吃亏是福”是清朝著名书画家、文学家郑板桥写给他胞弟郑墨的一句话。

能吃亏，是宽容大度、忍辱负重、能屈能伸的象征。古时候有一位尚书林退斋，他福德颇多，子孙满堂。在他临终的时候，子孙跪在他面前请求训示，林退斋说：“没有别的话，你们只要学吃亏就行了。”自古以来，许多的英雄因为不能吃亏，而坏了许多事；也有许多的英雄因为能够忍辱吃亏，而成就了大业。例如韩信忍受胯下之辱，后被刘邦册封为三齐王，而当时侮辱他的淮阴少年们，后来都成为他的部下；大禹治水，三过家门而不入，因为他为民谋福，宁愿自己吃亏，最后，大家推他为帝；旁人都说管仲在占鲍叔牙的便宜，但是鲍叔牙却处处为管仲说话，后来还推荐他做宰相，正因为鲍叔牙肯吃亏，所以不但交到一个好朋友，而且为国举才，利国利民。

能否吃亏，也成为古人区分君子和小人的标准之一。被称为“清初三大家”之一的散文家魏禧曾经说：“我不识何等为君子，但看每事肯吃亏的便是；我不识何等为小人，但看每事好便宜的便是。”“用‘学吃亏’一语律己，以‘怪不得’三字待人。”也是明朝儒士薛敬轩所奉行的。

当然，我们所说的“吃亏是福”，只限于正常的社会交际范畴。因此必须注意，这世上也有一些亏是绝对不能吃的，比如某些恶人的巧取豪夺，假冒伪劣商品的肆虐横行，等等，我们可万万不能瞎吃亏，务必维护自己的正当权益。

34 蝴蝶效应

南美洲亚马孙河流域热带雨林中的一只蝴蝶，偶尔扇动几下翅膀，可能在两周后引起美国得克萨斯州的一场龙卷风，这就是空气系统理论所说的“蝴蝶效应”。

看似完全没有联系的两件事，却产生了联系，说明事物发展的结果对初始条件

大发议论，不能学到什么。

——拉里·金

具有极为敏感的依赖性，初始条件的极小偏差，也会引起结果的极大差异。

联系是普遍的。在学习生活中，一些细节同样非常重要，不容忽视。黄河岸边有一片村庄，为了防止水患，农民们筑起了长堤。一天，有个老农发现长堤附近的蚂蚁窝一下子猛增许多。老农心想："这些蚂蚁窝会不会影响长堤的安全呢？"他准备回村去报告，路上遇见了他的儿子。老农的儿子听后不以为然地说："那么坚固的长堤，还害怕几只小小的蚂蚁吗？"随即拉着父亲一起下田了。当天晚上风雨交加，黄河水暴涨。咆哮的河水从蚂蚁窝开始渗透，继而喷射，终于冲垮长堤，淹没了沿岸的大片村庄和田野。这就是"千里之堤，溃于蚁穴"的来历。小小的蚁穴居然毁了坚固的长堤，看似令人难以置信，其实却有着必然联系。所以在生活中，我们绝对不可以忽视细节。

老子说："天下大事必作于细，天下难事必作于易。"意思是：做大事必须从小事开始，天下的难事，必定从容易的做起。海尔集团总裁张瑞敏说："把每一件简单的事做好，就是不简单；把每一件平凡的事做好，就是不平凡。"

任何一件事情，其实都是由无数个细节组成的。就好比一条铁链，由许多的小铁环组成，无论其中哪一个铁环坏了，整个铁链也就脱节报废了。所以我们一定要相信"蝴蝶效应"的力量，把每一个细节做好。

35 个性

个性，是每个人区别于其他人的特点、特性。正因为人人都有不同个性，才能组成这多姿多彩的世界。我们展现着自己的个性，感触着别人的个性，享受着多样化的生活，在生活中张扬自己的个性。红梅凌寒，青松挺拔，这是它们的个性，也是它们的魅力。若大千世界都是千篇一律，世间万物再也没有它们的个性，那世间就不再缤纷，不再绚丽。

国学大师王国维学问精湛，却矮个儿、龅牙、微须、面色微黄、皮肤凸凹不平，塌塌的鼻子上架着一副玳瑁眼镜。然而，就是王国维，在短短的二十余年时间里，先后在哲学、史学、美学、文学、伦理学、文字学、考古学、心理学、词学、曲

在湖中优雅的鸭子，水面上看起来一片祥和，水面下的双脚却在拼命地划动，以便前行。

——赵　宁

学、红学、金石学等多个领域取得了一流的成就，一举成为中国乃至东亚顶级的学术大师。他生性忧郁、羸弱多病，从早到晚都在看书、写东西。他的屋子里除了书，什么也没有。他身上从来不带钱，薪水也由家人代领。他写得一手好字，不断有人登门求字，他却懒得动笔。王国维性格内敛、心境淡泊，但偶尔也会露一下棱角，说一句：“我的研究成果是无可争议的。”

从王国维的身上我们可以看出，对每个人来说，个性就是一种独立的品格，只有不趋同、不媚俗，才能真正做到宠辱不惊。

36 压力与动力

人无压力轻飘飘，井无压力不喷油。压力并不可怕，可怕的是不会运用压力，反被压力所吞噬。只要我们化压力为动力，就能一步步朝成功迈进。

压力能激发我们的潜能，让我们自信地面对挑战。因为国际竞争的压力，詹天佑发挥自己智慧的潜能，克服了资源、技术、人员的种种困难，最终自信面对挑战，成功为中国架起第一条铁路；因为癌症的压力，复旦大学青年教师于娟发挥自己乐观的潜能，用心书写一篇篇人生哲理，最终自信面对生活，无惧死亡的降临；因为生活舆论的压力，霍金发挥自己生命的潜能，挑战身体的极限，最终自信面对人生，贡献出一部又一部科学经典。正是因为压力，才使他们散发出耀眼的光芒。所以，让我们化压力为动力，激发自己的潜能，自信面对生活吧!

做过弹簧试验的人，就会发现静止的弹簧是毫无力量的，而施加越多的压力，它向上的弹力就会越强。事实上，这种“弹簧效应”在生活和工作中也随处可见：越是面对挑战，越要迎难而上；越是竞争激烈，越能迸发潜能，这就是压力的魅力所在。

其实，有压力并不是件坏事，关键是用何种心态面对压力。恐惧和逃避的情绪只会将暂时的困难和压力无限放大，进而消磨掉自己的信心和勇气。因此，在压力面前保持积极乐观的心态至关重要。想象压力或许只是生活中的一种调味品，成功路上的一段小插曲而已，我们一定有足够的信心与智慧去战胜它、化解它。

学外语看上去只是一门技能、一种工具，但实际上也是一种思维方式和看问题的视角。你受东方文化的熏陶却可以有看世界的天窗，而主持人最重要的是思想。

——许戈辉

汽车发动机可以产生动能，一个关键的冲程就是压缩，也就是施加压力。人也是一样的，可以将压力转化为动力，在没有动力的时候，何不为自己定个目标呢？

37 谈自由

时移事易，时间湮没了黄金古道，荒芜了边城驿站，冷落了海路航线，却怎么也磨灭不了人们对自由的追求与渴望。

匈牙利诗人裴多菲在诗中说："生命诚可贵，爱情价更高；若为自由故，二者皆可抛。"这句诗被广为传诵，表达了人们对自由的向往和追求。自由是人类永恒的追求，它不仅包括身体的自由，更重要的是心灵的自由。

作家三毛的一生短暂却光芒四射，她积极乐观却情路坎坷，她踏踏实实却对自由有着无限的向往。她的文字没有华丽辞藻的堆积，没有情感的猛然喷发，有的是一颗对自由虔诚追求的心。她一生"流浪"，到过59个国家和地区，由此可见她对自由的追求。三毛在散文《背影》中写到，她小的时候"希望做一个拾破烂的人，因为这种职业，不但可以呼吸新鲜的空气，同时又可以大街小巷地游走玩耍，一面工作一面游戏，自由快乐得如同天上的飞鸟"。在被老师呵斥这是没出息并要求她重新写后，她又写道："希望做一个夏天卖冰棍、冬天卖烤红薯的街头小贩，因为这种职业不但可以呼吸新鲜的空气，还可以大街小巷地游走玩耍。"但这个志愿也被老师否定了，最后三毛只好写了一个大众眼中有出息的志愿才让老师满意。三毛对自由的追求是从小就根深蒂固的，不管是想成为捡破烂的人还是街头小贩都体现出她对自由的向往。她不愿成为芸芸众生眼中的优秀人才，她只愿做一个自由的人。

对于我们而言，外在的力量有时能困住我们的身体，但只要心灵是自由、开放的，我们就能过得坦荡洒脱、舒畅超然。

那时我们有梦，关于文学，关于爱情，关于穿越世界的旅行。如今我们深夜饮酒，杯子碰到一起，都是梦破碎的声音。

——北 岛

38 生、旦、净、末、丑

生、旦、净、末、丑是京剧中的五大角色，各具特色，缺一不可。舞台的生命在于角色，人生也是如此。人生就是一场盛大的情景剧，每一幕都有不同的精彩。人生的剧场永远不会关闭，我们每个人都扮演着不同的角色。

“戏如人生”，具有不同特点的人们生活在一起，才组成了这个多姿多彩的社会。虽然不是每个人都是“花旦”，但每个人都有自己的人生价值和存在意义。

罗曼·罗兰曾说：“唯有心灵能使人高尚，所有那些自命高贵而没有高贵心灵的人像块淤泥。”确实，唯有心灵高贵，并对自己的未来有责任感的人，才能让自己更好地实现人生价值。

也许你曾经无数次地想让自己发挥得更好、更出色，体现自我，挖掘潜力。可是越这样想，越会失去原来的东西，苦恼接踵而来，学习工作中失误连连，心理也容易失去平衡。所以，每个人都应量力而行，当行则行，该止则止，不过“错位”的人生，实实在在做人，踏踏实实做事。

每个人都有自己的特点，犹如京剧中的各种角色。正因为有了各具特色的人，才使得我们的社会如此丰富多彩。因此，我们要做的就是认清自己，明确自己的角色定位，实现自己的人生价值。

39 学会拒绝

人的一生，面对色彩斑斓的世界，难免会因追求利益而迷失，因渴求名誉而浮躁，因攫取地位而难眠。诱惑太多，便难以坚守心中的信念，难以执着追求既定的目标，以致无法取得成功。因此，学会拒绝，勇于拒绝就成为一种人生的智慧与学问。

陶渊明是我们熟知的刚直不阿、不趋炎附势的中国知识分子的典范。41岁时，他“不为五斗米折腰”，拒绝了官位俸禄，归隐田园，写下了著名的《归园田居》等脍炙人口的佳作。自归隐田园之后，陶渊明确确实实享受了一段“狗吠深巷

不要急着做决定，因为经过一夜的深思熟虑之后，你会涌现出更好的智慧。

——普希金

中，鸡鸣桑树颠”的田园乐趣。拒绝，让他得到了心灵的宁静。与之相仿的隐士林和靖拒绝了热闹，不问世事，以梅为妻，以鹤为子，在宁静的生活中悠然自得，写出了“疏影横斜水清浅，暗香浮动月黄昏”的咏梅绝唱。

然而，世上有许许多多诱惑人心的东西，也有许许多多的人拒绝不了诱惑，坠入深渊，清代大贪官和珅便是一例。他一生贪赃枉法，家中的财富不可胜数。正因为他对钱财来者不拒，导致自己下场悲凉——被嘉庆赐死，家产被抄，一生费尽心机，换来的不过是一卷破席。在钱财的诱惑面前，他没有学会拒绝。和珅绝不是愚蠢之人，却做了让自己身败名裂的愚蠢之事。

孟子曾说：“鱼，我所欲也；熊掌，亦我所欲也。二者不可得兼，舍鱼而取熊掌者也。”在生活中，“鱼”和“熊掌”的选择比比皆是，为顾全大局，我们必须拒绝其一。面对取舍，我们往往很难作出决定，因为有些东西确实很迷人，但当你选择拒绝它时，你会发现：原来学会拒绝也是一种收获。

40 非走不可的弯路

很多的成功者在回顾自己经历时，都会谈起自己在年轻时犯过的错误、走过的弯路，他们大多感谢这些经历，正因为有了这些弯路，才让人生充满惊喜与期待。

2013年2月25日上午，第85届奥斯卡金像奖颁奖典礼在美国洛杉矶好莱坞杜比剧院举行，华人导演李安凭借电影《少年派的奇幻漂流》夺得最佳导演奖，这是他第二次获得这一奖项。同时，李安成为历史上首位凭借执导3D电影获得奥斯卡奖的导演。但有谁知道，他成功之前所走的一次又一次的“弯路”？大学毕业后，李安失业在家，1984年到1990年这6年的时间里，李安都在家里负责做饭带孩子，家庭开支全靠妻子微薄的收入，窘迫的现实让李安一度想放弃电影。在妻子的鼓励下，他才坚持自己的电影梦想。刚开始时，他只是帮剧组看管器材、做剪辑助理。最痛苦的经历是，他拿着一个剧本，两个星期跑了三十多家公司，都遭到别人的白眼和拒绝。直到1993年，他快40岁的时候，才凭借电影《喜宴》获得第43届

既然无处可逃，不如喜悦；既然没有净土，不如静心；既然没有如愿，不如释然。

——丰子恺

柏林国际电影节金熊奖，获得电影界的承认。后来，李安先后打造出《卧虎藏龙》《断背山》《色·戒》《少年派的奇幻漂流》等口碑、票房俱佳的大片，几乎囊括了国际电影领域所有的奖项，成为华语电影的骄傲。

有人说，如果人的成长过程中没有不幸，那就是他人生的不幸。的确，面对成长中的弯路，我们也许会踌躇，但当我们走过了那些弯路，就会发现：走弯路的过程艰辛，但是路上会有更多的风景和更多的收获。

41 百善孝为先

中国有句古语："百善孝为先。"意思是说，孝敬父母在各种美德中是占第一位的。一个人如果连父母都不孝敬，很难想象他在生活中会存有感恩之心。

古人云："父母者，人之本也。"从呱呱落地的婴儿，到天真烂漫的少年，我们一天天长大，是父母赋予了我们生命，给予了我们无私而伟大的爱。"百善孝为先"，自古以来就是中华民族的传统美德。

孔子的弟子子路，小的时候家里很穷，长年靠吃粗粮野菜度日。有一次，年老的父母想吃米饭，可是家里一点米也没有。子路想到要是翻过几座山到亲戚家借点米，不就可以满足父母的愿望了吗？于是，小小的子路翻山越岭，走了十几里路，从亲戚家背回了一小袋米，看到父母吃上了香喷喷的米饭，子路忘记了疲劳。

父母为了我们，操碎了心。他们累了，我们应该搬把椅子给他们坐；他们渴了，我们应该倒杯清茶给他们解渴；他们倦了，我们应该用真诚的心去安慰他们。让父母过上幸福的生活，是每一个成年子女的法定义务。

孝敬父母，除了尊敬、赡养父母以外，陪伴父母也是特别重要的。父母有了子女的陪伴，才能在精神生活方面过得更充实。初中语文教材选用的莫怀戚的散文《散步》，就用陪母亲在饭后散步这件小事，体现出一家人之间的相互关心与爱护。与父母住在一起，在条件允许的情况下，可以天天陪着他们；不与父母住在一起，也要尽量挤时间常回家看看；如果确实相距很远，就应该经常给父母打电话，关心问候他们，让父母有所安慰。

世界上最可怕的事情，莫过于有眼睛却发现不了美，有耳朵却不会欣赏音乐，有心灵却无法理解什么是真，不会感动，也不会充满激情。

——黑柳彻子

42 性格决定命运

性格决定命运，顾名思义，就是一个人的命运，与他的性格密切相关，“江山易改，本性难移”说的就是这个道理。一般来讲，我们很难改变一个人的性格，让他自己改变也是一件非常困难的事情，但一个好的性格对人生发展有着很大作用。

毛泽东从普通农家子弟到成为一代伟人，与他坚强勇敢、独立自主的性格分不开。毫不夸张地说，在一定程度上，毛泽东的性格不仅决定了自己的命运，也决定了中国的命运。他目光长远、意志坚定，带领中国人民走向了独立自强。

建安年间，曹操逐渐统一了中原，他网罗了不少文学之士，注重文学的发展。他的儿子曹植在这种文学氛围中极大地展现了自己的文学天赋。以建安为界，曹植的创作风格分前后期，前期悠闲安逸，后期多写个人的不幸遭遇。可见，不同时期的性格，对人的生活状态影响还是很大的。

奥维德说：“性格由习惯演变而来。”培根说：“人的思考取决于动机，语言取决于学问和知识，而他们的行动，则多半取决于习惯。习惯真是一种顽强而巨大的力量，它可以主宰人生。”

在生活中，我们应该时刻规范自己的言行举止，逐渐培养自己良好的习惯，进而养成良好的性格。

43 不以成败论英雄

“成者为王，败者为寇”这个观念在许多人心中根深蒂固，但是我认为，英雄是不能仅仅用成败来定义的。面对挑战，过程更加重要，只要你尽了全力，不管成功与否，都可称为英雄。

在2016年里约奥运会上，中国代表队一些被寄予厚望的种子选手冲击奖牌失败，面对让人失望的结果，网络上没有出现过多的责备之声，取而代之的是网友的安慰与鼓励。正是国人的宽容，才使我们的运动员更加从容。从北京奥运会到伦敦奥运会，再到里约奥运会，一路走来，中国人对待奥运比赛的态度也在悄然发生着变化。对拼搏者的尊敬、对失利者的宽慰已经成为我们新的观赛心态。

在男子1 500米自由泳预赛中，带病出战的卫冕冠军同时也是该项目世界纪录的保持者孙杨，因排名小组第七无缘决赛，这样的成绩让所有关心孙杨的人感到遗憾。但比赛结束后，很多媒体及网友不仅没有责备孙杨，反而纷纷为他点赞。因为孙杨在赛前感冒发烧，身体极度不适，一天吃六颗抗生素。在这种情况下，他本可以选择退赛，但他还是义无反顾地跳入泳池，咬紧牙关，坚持游完全程，用实际行动展现了永不放弃的奥林匹克精神。

王安石在《游褒禅山记》中写道："尽吾力而不能至者，可以无悔矣。"这句话的意思是，尽自己所能，发挥出极致的水平，就没什么后悔的了。

44 千里之行，始于足下

古人云：千里之行，始于足下。

从脚下开始，需要持之以恒的力量。法布尔所著的《昆虫记》共十卷，是一部长篇巨著。这是法布尔坚持每天来到他的荒石园，仔细观察各种昆虫的情况，并认真记录所得的。他每天的观察认真而耐心，因而他的著作细致而充实。我们也应该像法布尔一样，从脚下开始，走好每一步，踏踏实实地、从容地走完征程。

从脚下开始，需要冲破艰难险阻的勇气。有这样一句训诫：踏踏实实做事，立定脚跟做人。它要求我们从脚下出发，哪怕目标再遥远，也总有实现的一天。《西游记》中唐僧师徒西天取经的成功，靠的就是这种精神。"敢问路在何方，路在脚下。"他们凭着坚定的信念、切实的行动，历经九九八十一难，终于修成正果。从脚下出发，需要耐心的等待，需要艰苦的磨炼，需要内心的坚定和执着。

从脚下开始，需要付出艰苦的努力。花朵鲜妍明艳，是因为它扎根于土壤，等待了漫长的一年；松柏挺拔伟岸，因为它把根须往岩层深处深深地紧扎。曹雪芹创作《红楼梦》，"披阅十载，增删五次"；罗丹雕刻《沉思者》，闭门谢客，勤奋工作；航天员刘旺为了驾驶飞船与天宫一号成功对接，完成了三千多次的练习。他们都是从脚下出发，最终获得成功的人。荀子说："不积跬步，无以至千里；不积小流，无以成江海。"我们要达到目标，就要踏踏实实，从脚下开始，走稳、走好每一步。

45 谦虚

谦虚使人进步，骄傲使人落后。这句话教育我们不能骄傲自满，要抱有谦虚的态度。 谦虚是一种美德，也是一种明智之举，在生活中，懂得谦虚才能使我们进步成长。

纵观三国，有多少英雄豪杰倒在嫉妒的血泊中？周瑜，一代大将，因为心胸狭窄，不能容人，导致自己吐血而死，时年三十六岁。他死前还仰声长叹："既生瑜，何生亮！"如果当时周公瑾知道谦虚，不骄傲自大，与诸葛亮共同伐魏，恐怕三国的历史将要重写。

有的人即使已经有所成就，也依然保持着谦虚的品质。据说有一次，徐悲鸿正在画展上评议作品，一位乡下老农上前对他说："先生，您这幅画里的鸭子画错了。您画的是麻鸭，麻鸭的尾巴哪有那么长的？"原来徐悲鸿展出的《写东坡春江水暖诗意》，画中麻鸭的尾羽长且卷曲如环。老农告诉徐悲鸿，雄麻鸭羽毛鲜艳，有的尾巴卷曲；雌麻鸭羽毛为麻褐色，尾巴是很短的。徐悲鸿接受了老农的批评，并向他表示了深深的谢意。

可见，谦虚并不是逃避和退却，而且一种厚积薄发，一种大智慧的体现。

当然，凡事都有两面性，谦虚也要有合适的度。现实生活中，过度自信和过度谦虚都不能赢得大家的认可，反而是不卑不亢的人更能获得大家的好评。比如我们在找工作时，可以谦虚，但一定要把握好度，因为对于求职者来说，过分的谦虚，会使人觉得你什么也不行。谦虚不是自我否定，是实事求是、恰如其分地表现自己。

所以在生活中，我认为表扬鼓励要有度，谦虚礼让发于心。

风还是一样地吹，花还是一样地开，太阳还是一样地升起，可是有些事情已经变得不一样了。

——几　米

46 用欣赏的眼光看他人

每个人都是天生的批评家，每个人都有自己的认知和看法。“横看成岭侧成峰”，同样的人或事，仅仅因为视角不同，就会得出完全不同的结论。

春秋时期，管仲少时贫贱，曾与好友鲍叔牙合伙经营小买卖。管仲出的本钱没有鲍叔牙多，可是到分红的时候，他收的钱比他应得的多。鲍叔牙手下的人骂管仲贪得无厌，鲍叔牙替他辩解说，他家里人口多、开销大，我自愿让给他。管仲带兵胆小怕事，手下士兵不满，而鲍叔牙却说，管仲家有老母，他是因为侍奉老母才自惜其身，并不是真的怕死。鲍叔牙百般袒护管仲，是因为他知道管仲是个不可多得的人才，只是还没有机会施展。管仲感叹道：“生我的是父母，了解我的是鲍叔牙啊！”就这样，他们成了莫逆之交。后来，管仲在鲍叔牙的极力推荐下，成了齐国宰相，帮助齐桓公成为春秋五霸之首。

欣赏别人还有着“化腐朽为神奇”的力量。19世纪末，美国西部的密苏里州有一个“坏孩子”，他偷偷向邻居家的窗户扔石头，还把死兔子装进桶里放到学校的火炉里烧烤，弄得臭气熏天。他9岁那年，父亲娶了继母，父亲告诉她要小心这孩子。当继母对孩子有了了解之后，说：“你错了，他不坏，而且很聪明，只是他的聪明还没有得到发挥。”继母很欣赏这个孩子，在她的引导下，这孩子的聪明找到了发挥的地方，后来成为美国著名的企业家和思想家，他就是戴尔·卡内基。

当你用欣赏的眼光看世界时，看到的会是无限精彩。因为你尊重别人，别人也就尊重你；你欣赏别人，别人也就欣赏你；你帮助别人，别人也会帮助你。“汝爱人，人恒爱之”就是这个道理。

47 父爱如山

“总是向你索取，却不曾说谢谢你，直到长大以后，才懂得你不容易，每次离开总是装作轻松的样子，微笑着说回去吧，转身泪湿眼底。”很多人每当听到筷

人们往往把交往看作一种能力，却忽略了独处也是一种能力，并且在一定意义上是比交往更为重要的一种能力。

——周国平

子兄弟的这首《父亲》时，总会忍不住热泪盈眶。相对母爱而言，父亲的爱更加深沉，不轻易表露，却总在关键时候，让我们感到父爱的伟大。

《美丽人生》是我最喜欢的一部电影。这部电影不仅让我看到了纳粹的残暴以及战争的残酷，更让我看到了亲情的可贵、父爱的伟大。在集中营里，为了不让儿子乔舒亚整日活在恐惧之中，父亲圭多可谓费尽心思。他骗乔舒亚说这只是一个游戏，只要遵守规则就能得分，谁先得到1 000分，谁就能得到一辆坦克。为了不让别人说出实情吓到孩子，根本不懂德语的圭多“自告奋勇”为德军做翻译，将残忍的条规翻译成充满童趣的游戏规则。他做的这一切都是想让乔舒亚相信，生活依然像从前一样美好，所有的事情都只是一个游戏。当儿子害怕时，说我不玩了，我要走了。他说好吧，既然你要放弃了，那我们就走吧，并带着儿子离开。他不想让儿子知道他们是被困在这里，被限制、被拘禁的。可是，在种种危难即将过去时，这位伟大的父亲却被杀害，把生存的希望留给了儿子。

在生活中，我们的父亲也如同歌曲和电影中的父亲一样，总是为了给我们创造一个更好的生活环境而艰辛奋斗，作为高中生的我们，现在唯一能做的就是通过学习来回报父亲的爱。

48 学会思考，拒绝盲从

近几年来，新媒体的飞速发展在给我们带来很多便利的同时，也让一些谣言广泛传播。从“艾滋病患者滴血传播艾滋病”到“女大学生求职被割肾”，这些耸人听闻的信息，最后都被证明是不折不扣的谣言。

其实，一些谣言只要我们稍加思考便会“原形毕露”。比如每当有一些突发重大新闻出现的时候，微信朋友圈里就会出现很多“有诗为证，李白早在几千年前就预测到了”的转发信息，李白也被网友戏称为“预言帝”。比如，一首题为《腾云》的诗歌这样写道：“马腾驾祥云，航行阔海郡。失于蓬莱阁，踪迹无处寻。”将每句话的第一个字连起来读就是“马航失踪”。还有一首题为《论情》的五言诗为：“文有千笔力，章成百意心。出得一爿简，轨马达盛情。”一些研究古诗词的专家

凡事都有偶然的凑巧，结果却又如宿命的必然。

——沈从文

证实李白根本没有写过这些诗，这些诗是通过一个叫作“藏头诗生成器”的软件创作出来的，只要输入关键词，系统就会自动生成诗歌。这些谣言之所以传播得这么快，与人们不假思索、人云亦云的习惯有很大关系。

托尔斯泰曾说过：“理性，使人看得更远，站得更高。”在网络时代，面对纷繁复杂的信息资讯，我们更需要学会思考、拒绝盲从。只有这样，才能捍卫科学与真理。

49 不公平

理性地看待社会，绝对的公平是从来都没有的。人生来就要面对很多的不公平：出生背景不同、家庭关系不同、教育资源分配不均、地域差异悬殊，这些不公平一直存于社会中。

马云曾说：“世界本来就是不公平的，怎么可能公平？你出生在农村，比尔·盖茨的孩子出生在盖茨家，你能比吗？但是有一点是公平的，比尔·盖茨一天24小时，你一天也是24小时。”没有人是完美的，社会也不可能完美，因为社会是由不完美的人组成的。我们唯一能做的是比别人更勤奋一点、更努力一点。

其实关于公平的判断，受到个人价值观念、思维方式的制约，有时别人觉得公平的事在你看来并不公平。这时候，我们应该理智面对，调整自己的思维方式，理性地反思自己，或许我们就能更加客观地对待生活中的不公平。

生物进化的自然规律是强者生存、物竞天择。不能适应自然变化，不能改善自身的生物，就会被淘汰。人也是一样。社会不会因为一部分人经受不住压力而停止发展。所以，遇到不公平，首先应该改善自我，使自己在不公平中强大起来，才会有能力、有实力改变这种不公平。我们如果总是抱怨不公平，而不有所改变，就会被社会彻底淘汰。因此，真正的成熟、宽容、坚强、自信，正是从正视不公平、改变自我开始的。

在貌似坎坷的人生里，你会结识许多智者和君子，你会见到许多旁人无法遇到的风景和奇迹。选择平庸虽然稳妥，但绝无色彩。

——余光中

50 怀大爱心，做小事情

“怀大爱心，做小事情。”这句话的意思是说人应该拥有博大的爱心，并从小事情开始做起。在生活中，我们很多人都充满爱心，但由于自身能力的限制往往只能做到“独善其身”。也许我们不能做出惊天动地的爱心壮举，但是我们可以从身边的小事做起，让生活变得更美好。

2015年3月15日，广西壮族自治区都安瑶族自治县数千人自发前来送别病逝的都安高级中学校长莫振高，送别的队伍绵延数百米。在3月9日莫振高去世当天，整个县城花圈被抢购一空，很多校友不远千里专程从北京、上海赶回来送他最后一程。都安县是国家级贫困县，都安高级中学的学生有将近一半来自贫困山区。作为校长的莫振高，用自己微薄的工资和陆续筹集来的3 000多万元人民币善款，资助近2万名贫困学生圆了大学梦。作为校长的他会催学生晒被子，会让食堂给淋雨的同学准备姜糖水，去世前五天还吩咐食堂为高三学生免费煮汤圆。昔日的学生想请他吃饭，都被他拒绝，当学生一再坚持时，莫振高却说，将餐费拿出来资助贫困生吧。他在各种场合的口头禅是：“我的学生考上了大学，没有路费，帮一把吧。”他也因此被称为“化缘校长”。

真正的英雄往往不是好莱坞大片里只身拯救世界的偶像，而是在平凡的生活中拼尽心力向身边的弱者伸出援手的普通人。莫振高没有跌宕起伏的故事，但他的一举一动都在改变着一个学生、一个家庭的命运。他的大爱之心就在那些看似细小的举动中潺潺流动着，感染着我们每一个人。

51 热爱生命

“我不去想未来是平坦还是泥泞，只要热爱生命，一切，都在意料之中。”这句话出自诗人汪国真的《热爱生命》。“如果容许我再过一次人生，我愿意重复我的生活。因为，我向来就不后悔过去，不惧怕将来。”这是法国思想家蒙田对生命

有一天，当我年老，有人问我，人生的哪一段时光最快乐，也许，我会毫不犹豫地说是十多岁的时候。那个时候，爱情还没有来到，日子是无忧无虑的；最痛苦的，也不过是测验和考试。当时觉得压力很大，后来回望，不过是那么的微小。

——张小娴

的乐观态度。

1962年，刚过完21岁生日的霍金被确诊患上了运动神经细胞萎缩症。大夫对他说，他的身体会越来越不听使唤，只有心脏、肺和大脑还能运转，到最后，心和肺功能也会失效。霍金被“宣判”只剩两年的生命。虽然身体的残疾日益严重，霍金却力图像普通人一样生活。在他已经完全无法移动之后，他仍然坚持用唯一可以活动的手指驱动着轮椅在前往办公室的路上“横冲直撞”。当他与查尔斯王子会晤时，他旋转自己的轮椅来“炫耀”，结果轧到了查尔斯王子的脚趾。1985年，霍金做了一次穿气管手术，从此完全失去了说话的能力。他就是在这样的情况下，极其艰难地写出了著名的《时间简史》，探索宇宙的起源，成为20世纪享有国际盛誉的伟人之一。

生命是宝贵的，也是美好的。我们对生活的所有美好期待与向往，都是我们热爱生命、珍惜生命的最大动力。唯有热爱生命，才能使梦想成为现实。

52 悲悯之心

孟子曰：“人皆有不忍人之心……无恻隐之心，非人也。”可见，悲悯之心是人类情感中弥足珍贵的一部分。

杜甫一生命运多舛，生活艰难，经常不得饱暖，甚至经历了幼子因饥饿而夭折的痛苦。但是他笔下流露出的并不是怨天尤人的一己之悲，而是忧国忧民的情怀。他在诗中深切地表达了对天下民生的忧怀，企盼民众能安居乐业。他在自己所住的草屋被狂风卷破时还呼喊：“安得广厦千万间，大庇天下寒士俱欢颜，风雨不动安如山。”并表示若得偿此愿，则“吾庐独破受冻死亦足”。

19世纪中叶，美国爆发了南北战争，美国第16任总统亚伯拉罕•林肯成为北方领导者。以林肯为首的北方军与南方军展开了残酷的战斗。一天，一场战斗刚结束，林肯遇见了一位狂热的北方军支持者。“这场战役中，他们死了2 700人，而我们只牺牲了800人，这对我们来说是大获全胜的一战啊！太棒了！”这位女士激动地欢呼道。林肯却严肃地说：“3 500个手足同胞为此丧生，这样的战斗能称为大

我多么希望，有一个门口。早晨，阳光照在草上。我们站着，扶着自己的门窗，门很低，但太阳是明亮的。草在结它的种子，风在摇它的叶子，我们站着，不说话，就十分美好。

——顾　城

获全胜吗？”“哦，总统先生，您可别这么说，”女士辩解，“事实上，我方只损失了800人，不是吗？”林肯低下头，泪水涌出了他的眼眶。他简短而有力地回答道：“女士，看来我只能说，这个世界远远大于你的心灵世界。”林肯之所以能够推动世界文明向前发展，正是因为他的心灵世界比平常人的心灵世界要博大得多，他的内心深处充满了比一般人更多的悲悯之情。

如果一个社会、一个民族，一点点丢掉它的悲悯之心，最终丢掉的将是社会的良知和道德。我们不能对人类的不幸和苦难无动于衷，而应该常怀悲悯之心，用悲天悯人的情怀相互扶持、彼此慰藉。人人常怀悲悯之心，社会将会更加和谐，世界将会更加美好。

53 愚公移山

愚公移山的故事流传了上千年，它借愚公形象的塑造，表现了我国古代劳动人民追求理想的坚定信心和顽强毅力，说明了“愚公不愚，智叟不智”的道理。愚公甘于奉献、执着追求理想的精神是值得我们学习与传承的。然而，随着社会的发展与进步，愚公精神在当代社会里也显现出一些不可回避的局限性。

首先便是效率。现代社会是效率社会，处理任何事情必然要考虑时间、人力、物力的成本与收益的关系。愚公移山，出发点也许是好的，但若放在现代社会，这样的办事效率明显过于低下。

其次是尊重。尊重什么呢？其一，尊重大自然。人与自然和谐共存，早已成为人类社会的共识。而愚公为了自己及家人出行便利，世代移山，间接破坏了大自然的生态平衡。其二，尊重子孙后代的个性发展。若不是因为世代移山的祖训，愚公家族或许能在一些不同领域做出成绩来，而这条祖训没有尊重子孙个性发展的权利，间接阻碍了一个家族更为广泛的发展。

最后是处理问题的方式。穷则变，变则通。为了出行的方便，愚公或许不只有移山这一条路可选，若综合考虑人力、物力、财力及时间等成本，或许搬家才是更为值当的选择。

大多数人总觉得自己还年轻，便不甘心对世界认输。有自己的脾气，有死都不放的固执。有一天，当岁月磨平了棱角，年华腐蚀了心气，才开始在渐行渐远的时候，怀念最初的自己。

——饶雪漫

每个历史人物、历史瞬间或故事传说，都有其多个侧面。面对愚公移山这样的话题，我们大可放下争议，辩证看待。在学习、工作和生活中学习其执着、勤勉与无私奉献的精神，而对那些有历史局限的部分则加以调整改善，扬长避短。

54 知退者进

人生之路难免遇到艰难险阻，固执地前行定会让你遍体鳞伤。后退不是屈服，而是为了更好地战胜困难，懂得后退而积蓄力量者方能更好地前行。知退，是审时度势的方式，是养精蓄锐的策略。

1947年，胡宗南奉蒋介石之命攻打延安。此时兵力尚足的毛泽东却决定马上撤离。命令一出，许多人对此大为不解，而毛泽东却微笑着说道："拳头是直接打出去更有力，还是先将拳头收回来再打出去更有力？"此话一出，众人纷纷点头称赞。在适者生存的环境中，一味地求进只会让你撞向南墙，磕得头破血流。正如当时的延安，若我军部队固执地坚守于此地，必定两败俱伤，得不偿失。

退是为了更好地积蓄力量，能隐忍乃真君子，后发制人为上策。康熙年幼登基，鳌拜专权，肆无忌惮，为所欲为。为了铲除鳌拜势力，康熙决定以退为进，挑选一批身强力壮的亲贵子弟，整天在宫内练习摔跤游戏。鳌拜见了，以为是皇帝年少，沉迷嬉乐，不以为然，反倒高兴。康熙八年五月，康熙召鳌拜入宫觐见。鳌拜与平常一样，大大咧咧地来了。等鳌拜一入宫，康熙一声令下，少年们一拥而上，鳌拜猝不及防，被摔倒在地，束手就擒。一代权臣就这样败在一群少年的手中。

生活中的很多事情都有取舍进退的选择，而适时退让有时是为了积累勇气和智慧。懂得取舍进退，方能成就人生。

我有无数金色的梦想，遗失在生活的路上。

——顾　城

55 成功无捷径

所有人都期盼成功，但是并不是每个人都能为达到成功而全力以赴。事实上，要获取真正的成功，每个人都必须付出艰辛的努力。无论你出身豪门，还是身处陋室，都不得不接受这样一个事实：成功没有什么捷径而言，只有靠自己顽强的意志与坚持不懈的奋斗才能走向成功。

古希腊著名寓言家伊索曾说："想匆匆忙忙地去完成一件事以期达到快速的目的，结果总是要失败。"没错，现实中的我们总在不断地寻求捷径，而蓦然回首，才发现，我们已走过一段段坎途。

著名画家达·芬奇起初找老师学画画，老师只是让他画简单得不能再简单的鸡蛋。他画了一个又一个，画了一天又一天，其间也有过厌倦和不解。但在老师的要求和鼓励下，他坚持了下来。从普通的鸡蛋到蒙娜丽莎动人的微笑，达·芬奇以其扎实的基本功，取得了巨大的艺术成就。

司马迁写《史记》花了15年，左思写《三都赋》花了10年，李时珍写《本草纲目》花了27年，徐霞客写《徐霞客游记》花了34年，马克思写《资本论》用了40年。这些数字表明，坚韧的心志、顽强的毅力、不懈的努力是成功的基石，而在这长期不懈的追求中，人的才能也得到了体现与提升。成功无捷径可言，唯有踏实走好每一步。

56 输也精彩

输也精彩，并不是说输了才精彩，而是说在付出了努力和汗水的情况下，即使最终结果不尽如人意，也是另一种精彩。因为承认失败，总结经验和教训，对以后的成功会有很大的帮助。

我们无论身处顺境还是逆境，都要从容面对；无论获得还是失去，都要平静地接受。生活中有时候，难免会出现磕磕绊绊，但路就在脚下，一定要有积极的心

轻吟一句情话，执笔一副情画。绽放一地情花，覆盖一片青瓦。共饮一杯清茶，同研一碗青砂。挽起一面轻纱，看清天边月牙。爱像水墨青花，何惧刹那芳华。

——徐志摩

态，并尽最大的努力，相信终有一天自己会成功。

德国音乐家贝多芬生活十分坎坷。他晚年失聪，只能通过书写与人交谈。当时，他正在创作《命运》交响曲。在乐曲的创作过程中出现了许多困难，双耳失聪更是雪上加霜。贝多芬失败了许多次，最后才弹奏出这首曲子。如果他中途放弃了，可谓世界乐坛的一大损失。

法国著名小说家小仲马是文坛大师大仲马之子。受父亲影响，他也热爱文学创作。他勤奋努力，是法国文学由浪漫主义向现实主义过渡期间的重要作家。小仲马年轻时，艰辛创作，写了数不胜数的文章，可他并不愿向他人透露自己的特殊身份。然而，他的努力换来的只是一封封退稿信。但他并没有自暴自弃，依然坚持写作，最终以《茶花女》一鸣惊人，成为世界著名文学大家。失败造就了小仲马的成功，输是赢的另一种形式，输也精彩。

所以，输并不可怕。为了追寻自己的理想，追寻想要的生活，我们要努力飞翔，接受风雨的洗礼。我们的翅膀也许会受伤，但我们一定要飞向远方。要坚信：逆风的方向，更适合飞翔。

57 改变世界与改变自己

在生活中，我们每个人总会遇到许许多多的挫折与压力。在这个时候，我们无法改变世界，最起码可以改变自己。改变自己才能改变他人，世界也会因我们的改变而转变，雨过天晴，阴霾散去。

人的伟大不仅在于能改造外面的世界，更在于能改变自己。甘地带领印度人民脱离英国的殖民统治，被人们尊称为“圣雄甘地”。他认为，要改变世界，首先就要按照我们想要的样子来改变自己。他把自己的生活变成一个不断实验的过程，从饮食、穿着、交通方式这些最微小的事情做起，再到精神、意志、行为方面的修炼，他每天都在进一步完善自己。他采用的方法也不复杂，而是每一个普通人都能做到的。比如尽可能自己动手做事。他年轻时在英国就自己熨衣服、自己理发，晚年还亲手下厨做羹汤。他坚持身体力行，不仅改变了自己，还感染和带动了

世间总有一些事，是我们永远无法解释也无法说清的，我必须接受自己的渺小和自己的无能为力。

——席慕蓉

周围的人。更令人称奇的是，他居然改变了自己的敌人。他赢得了许多英国人的支持，这些英国人反过来也开始接受他的理念。

要想撬动世界，最佳支点不是一个国家，不是一个民族，也不是他人，而是我们自己的心。如果你希望看到别人的微笑，可以先将微笑带给他人；如果你希望城市整洁，不如自己先爱护环境；如果你希望得到别人的关怀，不如先送出温暖，照顾他人。当我们不再将眼睛盯着别人，而是回归自己的心灵世界，将内心的尘埃打扫干净时，我们就会发现，自己改变了，世界也随之变得美好。

58 危机意识

古语说"生于忧患，死于安乐"，意思是：忧患使人生存发展，安逸享乐使人萎靡死亡。用现代的语言来说，就是要有危机意识。

美国黄石公园是世界上最著名的野生动物保护区之一。黄石公园曾养了一群鹿，人们为了保护这群鹿，捕杀了当地几乎所有的狼。鹿没有了天敌，就会生活得很好了吗？开始的时候，鹿群的数量的确增长了。可是没几年，鹿群数量开始减少。原来，没有了狼的追逐，这些鹿不再拼命奔跑，于是体质下降，常常得病而死。而且由于没有狼，鹿的数量猛增，导致食物不足。长此下去，这群鹿可能会"全军覆没"。人们为了拯救鹿群，只好又将狼"请"回来。结果，有了狼的威胁，鹿群数量又开始增加。看来，必须使鹿群有危机意识，才能维护其发展。

华为公司总裁任正非的商业思想中渗透着浓浓的危机意识："20多年来，我天天思考的都是失败，对成功视而不见，也没有什么荣誉感、自豪感，而是危机感。也许正是这样，（华为）才存活了20多年，失败这一天一定会到来，大家要准备迎接，这是我从不动摇的看法，这是历史规律。"当然，这种危机感并没有摧垮华为员工的信心，反而让华为走过无数险滩暗礁，使华为从一家民营小公司成长为全球第二大网络设备供应商。

一个国家如果没有危机意识，迟早会遭遇威胁；一个企业如果没有危机意识，迟早会被市场淘汰；一个人如果没有危机意识，遇到挫折便会一蹶不振。

一个人需要隐藏多少秘密，才能巧妙地度过一生。这佛光闪闪的高原，三步两步便是天堂，却仍有那么多人，因心事过重而走不动。

——仓央嘉措

未来是不可预测的，正因如此，我们才要有危机意识，在心理上及行动上有所准备，好应付突如其来的变化。有危机意识，或许不能完全规避问题，但至少可以把损害降低，给自己多一个选择。

59 做独一无二的自己

世界上没有两片完全相同的树叶，同样，世上也没有两个完全相同的人。毕淑敏曾说："生命之所以宝贵，不在于它只有一次，而在于每个人都有自己独特的轨迹。"所以，每个人都是一个独立的个体、一个与众不同的存在，而我们要做的就是：坚持自我，做独一无二的自己。

邯郸学步的故事想必大家都不陌生。故事讲的是战国时期，一个燕国人听说赵国邯郸人走姿很漂亮，便来到邯郸学习邯郸人走路。未得其能，又忘记自己的走姿，最后爬着回到了燕国。这说明，一味地模仿别人，而失去了自我，是多么可悲啊！

这个世界上的每一个人都是独一无二的，你就是你，根本无须效仿别人，失去自我。

方文山，知名作词人，但在他未出名的时候，也只是万千追梦年轻人中最普通的一个。如今，方文山用自己的励志故事告诉人们，一个人最大的悲哀，就是不愿意做自己。

也许有很多人都会不切实际地羡慕偶像剧中男女主角多彩多姿的生活，其实每个人都是特别的，谁也无法被他人取代。每个人都有一条属于自己的人生之路，无论你这一路上会遭遇到什么样的喜怒哀乐，都是为你量身定做的。如果我们能学会接受、欣赏自己，发现自己的长处，知晓自己的短处，便能坦然面对自我。生活告诉我们，勇于接受自己，做独一无二的自己，才能成为生活的强者。

每个活着的人，都会批评其他和自己一起生活的人，往往长达几十年。我们总有一天会发现自己成了法官，每个人都是。

——威廉·格纳齐诺

60 奋斗的青春最美丽

每个人对于青春都有自己的诠释。有人仅仅将青春看作一段时间，过了就过了，走了便走了；有人趁着年少，轰轰烈烈，绽放属于自己的光彩。多少往哲先贤都用文字告诉我们，青春是人生一段美好的时光，美好的时光应该用在美好的事业上。由此，被打上“奋斗”烙印的青春才是最美丽的。

1989年出生在湖南一个小山村的李城，从小就开始学习画画，立志要成为一名画家，一心向往着考上中央美术学院。可是现实并不一帆风顺如他所愿，他落榜了。之后他便四处打工，忙于生计，先后在长沙饭店做送餐员，在深圳富士康做技工，在高中做临时助教，四处漂泊。其间虽然不间断速写练习，但顾此失彼文化课几近荒废，未能上中央美术学院一直是他心里的遗憾。作为痴爱美术的年轻人，能成为中央美术学院的一员，那是毕生的荣耀，哪怕在中央美术学院做保安也感到荣幸。于是李城决定先安顿下来，从保安做起，他在中央美术学院东门站岗值勤，时时守卫心中的这座圣殿，并开始他新一轮的追梦之旅。上夜班时，他在楼道里给值班同事画像；上白班时，他站在岗台上记英语单词。这期间，他也数次落榜。从2008年到2017年，奋战10年的李城看到今年的高考成绩412分后，激动地落泪了，为了等待这个成绩，他用了整整十年。最终，他顺利地收到中央美术学院中国画专业的录取通知书，终于圆了自己的大学梦想，实现了从中央美术学院保安到中央美术学院学生的角色转变。

对于李城来说，这些刻骨铭心的经历恰恰丰富了他的青春，也使他更深切地感受到人生的幸福和价值。对于我们中学生来说，人生最重要和最美的东西——青春，就在我们手中，我们不能让青春在我们手中白白流逝，不能在叹息声中虚度光阴，让我们在青春中努力奋斗吧。

一个人得多么鞠躬尽瘁地浪费时间，才能在如此漫长的人生中做到一事无成啊！

——刘　瑜

61 学会独立思考

在生活中，我们或许早已习惯于把那些“专家”“大师”“学术权威”的意见作为自己的意见。当然，那些专家之言在很多情况下确实是正确的，但是他们毕竟也是凡人，不是神，不可能在任何事情上都是正确的。甚至可以说，专家犯的错误，比普通人犯的错误更难纠正。因为他们在光环的笼罩下，很少有人有质疑他们意见的勇气。

父子两人买了一头驴走在街上，行人说：“你们真傻，有驴为什么不骑呢？”于是儿子骑上了驴。走了一段，又有行人说：“这儿子太不孝了，自己享受，让老爹受苦。”于是儿子下来，父亲骑上了。走了一段，又有行人说：“这当爹的也太不知道心疼儿子了。”于是儿子也上去了，二人共骑。又走了一段，有行人说：“这对父子太狠心了，居然二人共骑一头驴。”于是父子都下来抬着驴走。走了一段，又有行人说：“他们真傻，放着驴不骑，还抬着驴走。”这下，这对父子真不知道怎么办才好了。可以说，故事中的父子丝毫没有独立思考的能力，从来不去质疑别人的意见，结果完全被别人的话所左右，成为人们的笑柄。回过头看一下中国悠久的历史，那些昏庸无能的君主，大部分都是不能独立思考的人。他们坐着高位，听信小人、宦官的谗言，最终失掉了民心，失掉了江山，自身也沦入极其悲惨的境地。

德国哲学家叔本华曾这样形容独立思考：“从根本上说，只有我们独立自主的思索，才真正具有生命力。因为，唯有它们才是我们反复领悟的东西。”由独立思考获得的真理就如我们天生的四肢，只有它们才属于我们，所以我们应该学会独立思考，不流俗，不盲从。

62 个人主义与团队意识

一根筷子，很容易折断，两根筷子，也很容易折断，但是一把筷子，就很难折断了。这个实验想必很多人都听过，这就像人一样，一个人的力量很薄弱，两个人的

纸质阅读是一种习惯，端一杯茶，坐在沙发上，或在雨天读书，这不是矫情，确实是生活的一种诗意。一样是阅读，它是有封面的，有厚度的，会发黄的，希望纸质阅读永远流传。

——苏　童

力量也很薄弱，但一群人的力量是非常强大的，所以生活中，个人的成功与团队合作是分不开的。

廉颇曾嫉妒蔺相如的才华，不满一个文臣的地位高于自己，在众人面前诋毁蔺相如。蔺相如知道后对门客这样说：强大的秦国之所以不敢对赵国用兵，正是因为有廉将军和我两个人在啊，如果两只老虎相搏斗起来，那情势发展下去，两败俱伤，这正合秦国的心意，我对廉将军一再退让，正是把私人恩怨抛在脑后，以国家利益为重啊！正是因为蔺相如在个人面前选择了团队，赵国才能名列战国七雄。

小溪只能泛起小小的浪花，只有大海才能激起惊涛骇浪。个人之于团队，正如小溪之于大海，其实团队精神的重要作用，在于个人、团体力量的体现，每个人只有将自己融入集体，才能充分发挥个人的价值。

团队精神无处不在，一个家庭、一个组织、一个国家……每一件事，无论大小，都需要大家齐心协力，发挥自己的特长，把自己的那份工作做好。正所谓“同心山成玉，协力土变金”。一个团体，如果组织涣散，人心浮动，人人自行其是，甚至搞“窝里斗”，何来生机与活力？在一个缺乏凝聚力的环境里，个人再有雄心壮志、聪明才智，也不可能得到充分发挥。只有懂得团结协作的人才能克服困难，甚至创造奇迹。

63 爱在无声中

有一种爱，无须振臂高呼，却应者云集，这种爱无言无声、无边无际。在生活中，无声的爱无处不在，如一个关注的眼神、一句会心的话语、一个暖心的拥抱，时刻温暖着你我，如同静默的流水，浸润人心。

在2014年“感动中国”获奖人物中，一位平凡的老人打动了我们的心。在江苏无锡的江阴市，从1987年6月起，一段关于“炎黄”的故事就一直被百姓传颂着。20多年来，有一位化名为“炎黄”的人每年都会寄出一笔捐款给江阴祝塘敬老院、社会福利院以及“希望工程”，还多次在“七一”建党节前夕交纳特殊党费。由于汇款地址不断变更，人们通过各种方式试图找寻这位好心人“炎黄”，得到的结果却总是地址不存在或查无此人。“炎黄”究竟是谁，始终是一个解不开的谜。“炎黄”二字渐渐成为江阴的慈善符号，但“炎黄”本人却“千呼万唤不出来”。2014年11月，一位叫张纪清的老人在邮局向鲁甸灾区汇款时突然晕倒，散落的汇款单暴露了他的身份。人们发现，这位老人正是江阴人寻找了27年的“炎黄”。张纪清老人已经74岁了，这些年，为了多做善事，他的房子越变越小，从3间变成2间，又从2间变成1间。他说自己之所以不愿意公开身份，主要是不想以恩人自居，也不想让被捐助者有心理负担。

大爱无言，张纪清老人坚持20多年默默帮助别人，不留姓名、不留痕迹、不图回报。老人的爱心从不显山露水，可这份无言的爱，才是世间最美的声音。无声胜有声，这份无言的凡人善举汇聚成了人间大爱。

64 淡忘掌声

在竞技场上，当冠军跑到终点之后，掌声就会响起；在演艺剧场，当演员结束了精彩表演，掌声就会响起；在科研战线，当科学家公布了科研成果，掌声就会随之而来。掌声能够给人信心，也能让人迷失自我。当把掌声看作大家对自己的支持时，人会前进；当把它看作一种荣耀时，虚荣心会增强，人们就开始迷失。所以有时候，在前行的道路上，我们要学会淡忘掌声。

从《收信快乐》到《宝岛一村》，音乐人万芳的演技得到了戏剧圈的广泛认可，在歌坛外发展了很多自己的话剧粉丝。万芳说：“戏剧表演给我开拓了很大的舞台空间。”不过，多年的舞台演出使得她产生了一个“怪念头”——掌声是危险的，“作为演员或者歌手，我们都需要掌声。但是太多的掌声会让我们做出很多讨好的动作，或者跑到角色以外，”万芳说，“其实台下没有掌声并不代表冷漠，有时候沉默是一种不同的回应——有的正在感动，有的沉浸其中。”

我们看到，许多人在刚开始奋斗时，对自己的定位与目标了如指掌，而当他们取得一定成绩时，有些人却陷入了虚幻的自我膨胀中，掌声、鲜花、恭维……让他们迷失了自己。所以，我们万万不能因为一些阿谀奉承的场面话就忘了出发的初

看清楚这个世界，并不能让这个世界变得更好。但可能让你在看清楚这个世界是个怎样的世界后，把自己变得比较好。

——朱德庸

心，须知“人外有人，天外有天”，聪明人都懂得如何收敛自己的光芒，更懂得淡忘掌声，低调前行。

65 回到原点

佛家有云：“参禅之初，看山是山，看水是水；禅有悟时，看山不是山，看水不是水；禅中彻悟，看山还是山，看水还是水。”这句话告诉我们一个道理：到达一定境界后，人们所追求的便是最初的原点。

朝着一个方向往前走，总有一天，你会回到出发的原点。陶渊明年轻时积极入仕，一心报国。可是官场上屡次的挫折和无尽的黑暗，让初来乍到的他几乎崩溃。面对官场的腐败，他回天乏力，拨不开仕途的乌云，洗不清官场的浑浊。最终，他选择放弃这令他心碎的官场，回到原点，在田园中找回自我，返璞归真，并创作出属于自己的田园派诗风，永垂青史。正是因为他懂得取舍，坚持初衷，所以才取得了如此成就。

古之如此，今之亦然。李开复曾经频频“跳槽”，国际大公司微软、苹果、谷歌等都留不住这匹“野马”。因为他面对成功，不像其他人一样沾沾自喜。在他眼里，自己在成功之后就要重新启程。面对成功，他处之泰然，这注定了他能在商海中乘风破浪、绝处逢生，收获非凡的成就。

在生活中又有多少人可以做到呢？考试失利、面试失败就一蹶不振，甚至有过激的行为，其实这不过就是人生海洋中的一朵小浪花而已。面对挫折，我们应该有一个良好的心态，大不了回到原点重新开始。失望在前，希望在后，有希望就不能绝望。

回到原点，勾践卧薪尝胆，吞吴复续王权；回到原点，朱熹回到民间，走进白鹿洞书院著成经典；回到原点，李时珍回到山中，寻找一草一木写就医学绝唱……人生光辉无限，能否充分散发光辉，就看你有没有勇气回到原点，从零开始。回到原点，坚持初衷，“雄关漫道真如铁，而今迈步从头越”！

许多人的所谓成熟，不过是被习俗磨去了棱角，变得世故而实际了。那不是成熟，而是精神的早衰和个性的夭亡。真正的成熟，应当是独特个性的形成，真实自我的发现，精神上的丰收和结果。

——周国平

66 家风

家风，指一个家族代代沿袭下来的精神风貌、道德品质和整体气质。简单地说，就是一个家庭的风气，如崇尚知识、积德行善、勤俭持家，等等。家风存在于家庭的日常生活之中，表现在人们处理各种关系的态度和行为中。

知礼仪、重家风是中华民族的优秀传统。因家风清廉质朴、善良守信、进取有为而赢得赞誉的古今名人不胜枚举。一代名臣包拯严厉要求其后代不能贪污财物，不违其志，否则就不是包家子孙，即便死了也不得葬在包家祖坟。岳母姚氏在岳飞背上刺下“精忠报国”四个大字，岳飞又严格教育参战的儿子，一心报国。清代名臣林则徐留给后辈的家训是：“贤而多财，则损其志；愚而多财，益增其过。”好的家风如同无声的教诲，助人立德立言、成人成才，让后人铭刻在心、代代受益。

2012年，当莫言在瑞典学院发表诺贝尔文学奖获奖演讲时，曾讲过这样一个故事：年少时的他曾跟着母亲去捡麦穗，结果母亲却被看守人打了一耳光。多年后，当莫言与母亲在集市上再次与看守人相遇时，看守人已是白发苍苍的老人，莫言想去“报仇”，却被母亲劝住，母亲说：“儿子，那个打我的人，与这个老人，并不是一个人。”或许从某种角度来看，这就是莫言家风的一个小小体现。在莫言看来，家风和家长的言传身教是每个人的人格底色和精神源头。

家风影响了一代又一代人，家风的作用就是通过每个家庭的道德示范作用来影响每一位成员，从而使社会文明得以延续。

67 路的尽头还有路

人生如同一条路，途中充满艰难困苦：有山的阻挡，水的阻隔，许多时候看似前面已无路可走。其实不然，只要你走下去，只要你继续往前走，也许你会发现有一条康庄大道在等着你。

幸福就是，平常没空见面的人，一接到你午夜仓皇的电话。什么都不问，人已经出现在你的门口，带来一个手电筒。

——龙应台

他是一个农民，但他从小的理想就是当作家。10年来，他坚持每天写500字，然后充满希望地寄往各地的报纸杂志。遗憾的是，尽管他很用功，可他从来没有发表过一篇文章，甚至连一封退稿信都没有收到过。29岁那年，他总算收到了第一封退稿信，信里写道："看得出你是一个很努力的青年，但我不得不遗憾地告诉你，你的知识面过于狭窄，生活的经历也显得过于苍白。但我从你多年的来稿中发现，你的钢笔字越来越出色……"就是这封信点醒了他。他毅然放弃写作，转而练起了钢笔书法，果然长进很快。现在他已是有名的硬笔书法家，他的名字叫张文举。就这样，他让理想转了个弯，继而柳暗花明，获得成功。

也许人生中有些失败并不是因为我们不够努力，而是因为我们暂时还没有找到适合自己走的那条路。所以，当我们在错综复杂的人生道路上迷茫、碰壁的时候，要学会根据实际情况校正自己的目标。因为有些理想之路也可能会是歧路，而最适合你发展的路径，或许才能让你真正实现理想。

黑夜过去终究会迎来光明。只要你努力坚持，路的尽头依然还有路。

68 别让优越感毁灭自己

优越感，指蔑视别人或带有自负性质的自我意识。在生活中，大多数人都会不同程度地拥有某种优越感，比如职业优越感、学历优越感。当然适度的优越感可以令自己自信，但过度的优越感却令人骄傲自负，所以优越感一定要适度，别让优越感毁灭自己。

新锐作家采铜说："当我感到洋洋得意时，通常就离失败不远了；而当我感到痛苦和受挫时，却是激发我最大能量的时候。"科比在《开讲啦》节目里面有谈道："我拥有很多荣誉，我需要克服这些自满，和自满做斗争，继续争夺总冠军。时刻提醒着自己，不以物喜，不以己悲。"

关于优越感，不得不说的就是爱因斯坦，作为20世纪最伟大的科学家，他的贡献是巨大的。但他非常朴素地认为，他的创造性的心理活动是被"单调和清静生活"激发出来的。他说："人们努力追求的目标——财产、虚荣、豪华，我觉得都

那时我们还年轻。穿过残垣断壁苍松古柏，我们来到山崖上。沐浴着夕阳，心静如水，我们向云雾飘荡的远方眺望。其实啥也看不到，生活的悲欢离合远在地平线以外，而眺望是一种青春的姿态。

——北　岛

是可鄙的。”他认为那是一种“猪栏的理想”。从他的身上不难看出，他的成就同他对优越感的拒绝密不可分。

当然，有时候优越感也是必要的，因为有时，优越感也是自我安慰的一剂良药。

任何事物都有两面性。所以在生活中，最重要的是既不自卑，又不自负，谦虚、认真地对待人和事。优越感是傲骨，不是傲气，我们不能让优越感毁了自己。

69 摆正自己的位置

苏格拉底有一句名言：“人啊，认识你自己。”这句话让我很受启发，在人生的坐标图上，每个人都有自己的生命坐标，我们只有找准坐标，摆正位置，才能实现自己的人生价值。鲁迅弃医从文，拾起文笔做匕首，是因为发现了自己的位置；史铁生不屈服于命运的安排，一篇《我与地坛》引发千万人情感共鸣，是因为发现了自己的文学才华，找到了自己的位置。

摆正自己的位置，有助于事业的成功。著名科学家钱学森曾担任国防部五院院长，出任院长时的他年富力强，正是干事业、出成果的黄金期。然而，院长是一把手，什么都得管。钱学森知道做好航天科技研究才是自己的专长，于是辞掉院长职务，主管科研工作。工作重心的转移，使他能够全身心地投入科学研究中。最终，他为中国“两弹一星”的成功研制作出了突出贡献。

摆不正自己的位置，往往会迷失自我，误入歧途。美国著名作家杰克·伦敦写出自传体小说《马丁·伊登》之后，声名鹊起，财源滚滚，不仅在加利福尼亚州建了别墅，还在大西洋海滨购置了豪华游艇。拥有这一切后，厌倦、空虚、落寞和无聊也接踵而至。为了得到金钱，他甚至粗制滥造地写出一些完全背离自己信仰的文学作品。渐渐地，他的精神出了问题，最后，他在自己的别墅里服毒自杀。

苍鹰只有进入天空才能自由翱翔，鱼儿只有进入江河才能自在游动。对于我们来说，只有找到自己的位置，摆正自己的位置，并在这个位置上全力以赴，才会有属于自己的那一份精彩。

人越是明白，越是有追求，就越孤独。

——卡森·麦卡勒斯

70 希望的力量

富兰克林曾说过：“希望是生命的源泉，失去它，生命就会枯萎。”著名企业家甘布士曾说过：“不放弃任何一个，哪怕只有万分之一可能的机会。”

有一次，美国青年甘布士要搭火车去外地，但事先没有买好车票。这时刚好是圣诞前夕，到外地度假的人很多，因此火车票很难买到。甘布士夫人打电话到车站询问，答复是票已经全部卖完。不过如果不怕麻烦的话，可以到车站看是否有人临时退票。车站还特别强调了一句：这种机会或许只有万分之一。甘布士依然提着行李赶到火车站，可等了很久，一直没有人退票，甘布士仍然耐心等待。就在离火车开车还有5分钟时，一个女人匆忙赶来退票，因为她家里有急事，只得改期。于是甘布士如愿以偿，搭上了火车。到了目的地，甘布士给夫人打了一个长途电话：“我抓住了那只有万分之一的机会了，因为我相信，一个不怕吃亏的笨蛋，才是真正的聪明人。”甘布士在生活中正是靠着不放弃万分之一机会的执着，终于在芸芸众生中脱颖而出，从一家织造厂的小技师，成为拥有5家百货商店的老板，又成为商界举足轻重的人物。

在通往成功的道路上，处处都有可能错过良机。因此我们应该向甘布士那样，善于把握机会，相信希望的力量，哪怕是万分之一的机会也不放弃，并且努力为之奋斗，只有这样，才能实现人生的理想。无数事实说明，人最大的悲哀，就是看不到希望。只要希望在胸，就没有克服不了的困难，就能重新站起来，走出“山重水复疑无路”的困境，迎来“柳暗花明又一村”的明天。

71 说友谊

友谊是一种来自双向关系的情感，任何单方面的示好，是不能称为友谊的。

友谊首先来源于心与心的交流。著名物理学家爱因斯坦和卓越的电影艺术家卓别林虽然只见过一面，但他们心心相印，友情深厚。他们相互关心，相互尊

要么庸俗，要么孤独。

——叔本华

重，相互鼓励。爱因斯坦时刻关注着卓别林表演艺术上的成就。他在给卓别林的信中写道："您的影片《淘金记》是一部世人都喜欢的作品，您一定会成为一位伟大的人物。"当时，爱因斯坦提出的"相对论"很少有人能理解，甚至有些有名气的物理学家也不承认"相对论"在科学上的重大意义，反而讥笑爱因斯坦是疯子。对此，卓别林在给爱因斯坦的信中写道："我更加钦佩您。您的'相对论'，世界上没有一个人认同，可是您终究会成为一位伟大的人物。"这便是心与心的交流，朋友之间只有真诚地关心对方，设身处地地理解对方，友谊才能长久。

真正的朋友，都具有亦师亦友的性质。所谓惺惺相惜，也都是从欣赏、仰慕开始的。李白仰慕孟浩然的品德，咏诗而叹："高山安可仰，徒此揖清芬。"杜甫仰慕李白的才气，多次以诗表露心迹："世人皆欲杀，吾意独怜才。"历史上那些杰出超群者，他们的身边总是并立着一样的优秀者。管仲与鲍叔牙，苏东坡与秦观，曾国藩与李鸿章，他们都是彼此仰慕，亦师亦友。一个不断成长的人，总能不断发现"贤于己者"，不断"以贤于己者为友"，因而一辈子有许多朋友。

友谊是世间最珍贵的事物之一，没有友情的社会只是一片繁华的沙漠。心心相通，志同道合，相互信任，勉励忠告才是真正的友谊。

72 说自信

没有自信，便没有成功，自信是人生成功的奠基石。人生的成功之路必须踏着自信的石阶步步前行。

世界著名音乐指挥家小泽征尔年轻时参加了一次全欧洲的指挥大赛。当他在按照评委提供的乐谱指挥演奏时，突然发现了乐谱中的错误。他当即指出错误，可在场的权威人士却一再声称乐谱没错。当他再一次坚定地指出乐谱错了时，评委们立即站起来，用掌声祝贺他大赛夺魁。原来这是评委们精心设计的"圈套"：大赛提供暗含错误的乐谱，以试探指挥家在发现错误而评委又不承认的情况下是否能坚信自己的判断。小泽征尔经受住了这个巨大的考验，他成功了。那么他的成功来源于什么？无疑是来源于他平时充分的准备，否则，他怎么会如此自信呢？

生命的用途并不在于长短，而在于我们怎样利用它。许多人活的日子并不多，却活了很长久。

——蒙　田

另外，我们也不要因为遭遇挫折和不顺心而丧失自信。法国作家、哲学家萨特，年幼丧父、母亲改嫁，只能跟着外祖父生活。一天，12岁的萨特哭着回来告诉外祖父，自己受欺负了，数理老师说他长大后将一事无成。外祖父问："老师凭什么这么说？"萨特说："因为我的数理科目成绩太差了。"外祖父摸了摸他的头反问："那你自己是怎样认为的呢？"萨特说："我认为自己长大后肯定会有出息，而且一定会有大成就。"外祖父笑着说："那你为什么不听自己的，而要听别人的呢？"萨特觉得很有道理，于是放弃了自己不擅长的数理科目，一心研究文学和哲学，最终成为20世纪著名的作家、哲学家。

小泽征尔在评委的质疑中坚持自己的判断，终成指挥大家；萨特在老师的否定中坚持自己，在哲学方面终有所成。事实告诉我们，别人怎么看待我们不重要，重要的是我们自己怎样看待自己。只要相信自己，并为理想努力奋斗，成功就一定会向我们招手。

73 我看广告

在生活中，广告无处不在，有的广告深入人心，大范围传播；有的广告可信度低，惹人烦躁。

我们经常见到这样的广告：某某产品最新研发、效果出众、前所未有。这也便是我们常说的虚假宣传广告。这类现象之所以层出不穷，我想与商家盲目逐利、市场恶性竞争、行政主管部门监管疏漏以及消费者盲目消费、缺乏辨别能力等不无关系。

那么，如何减少广告中的虚假宣传呢？在我看来，可以从以下方面作出努力。

第一，商家应以诚为本，诚信经营、诚信宣传。诚信，是为人、为商、立世之本。商家要想将企业做大，实力做强，就一定要诚信生产、诚信广告，以真诚之心打动消费者，以实在之举赢得消费者。

第二，行政主管部门也应加大监管力度，改进工作方法，提升工作效率，并形

有人问：写一首好诗，是靠天赋呢？还是靠训练？我的看法是：有训练而没有天赋，有天赋而没有训练，都归无用；两者应该相互为用，相互结合。

——亚里士多德

成一套严格的管理机制，让那些涉及虚假宣传、产品失信的商家得到应有的惩罚。

第三，消费者在消费的时候不要贪图小便宜，而要货比三家，不断提高自己的辨别能力，并注意理性消费、适度消费。

总的来说，虚假宣传的现象在当前的广告市场上确实不少，对消费市场产生了一定的不良影响。我们真诚地呼吁，全社会都行动起来，打击虚假宣传广告，共同营造一个诚信宣传、诚信经营、诚信消费的社会，让产品广告、质量、服务三者真正协调发展，形成诚信文明的市场秩序。

74 节约

随着社会生产力的迅猛发展，人们的物质生活越来越丰富，原有的生活方式正在产生变革，消费观念也发生着较大变化。我们不能否认这种现象，但也绝不能抛弃中华民族的传统美德——勤俭节约。

明末清初教育家朱柏庐曾说："一粥一饭，当思来之不易；半丝半缕，恒念物力维艰。"在电视纪录片《毛泽东》里有这样一个镜头，毛泽东的保健医生拿起一条毛泽东生前用的毛巾毯，上面满是补丁。他说曾多次劝毛主席换条新的，都被拒绝了。这是毛泽东真实生活的写照。毛泽东在延安时穿的一套旧军装洗得发白，补丁就有16块。他的一双旧拖鞋，鞋底都磨出了洞，鞋帮也脱了线，可他就是舍不得扔，总是缝补好继续穿。他说："一条毛巾毯我换得起，但共产党人艰苦奋斗的精神丢不起！"毛主席以俭立名，赢得了人民的尊重。

而与节约相对的，是奢侈。统计数据显示，人均GDP在世界70位的中国，每年在餐桌上浪费的粮食相当于两亿多人一年的口粮，价值高达两千亿元。这种舌尖上的浪费真是令人触目惊心。所以，每个人都要将节约作为自己的生活准则，尽量避免生活中的浪费。

而我们说的节约，也不是要求大家按旧社会"新三年，旧三年，缝缝补补又三年"的做法过日子，而是要从前辈的优良传统中继承艰苦奋斗的精神，从而倍加

人生不发行往返车票，一旦出发了就再也不会归来了。

——罗曼·罗兰

珍惜今天的幸福。正所谓“浪费犹如河决口，节约好比燕衔泥”。只有时时不忘节约，社会财富才会日积月累节节高，生活水平才会蒸蒸日上加倍好。

75 平和心态最可贵

情深不寿，慧极必伤。这是我常常挂在嘴边的话。不以物喜，不以己悲，遇事平和的心态最可贵。当今世界，民族争端、国家领土争端、宗教信仰等问题层出不穷，如果大家都能够以一种平和的心态来相处，那么和平之鸽将永远在我们上空翱翔。

后羿是我国古代传说中有名的神射手。有一次，夏王让后羿射一块一尺见方的兽皮和一个直径一寸的靶子。他对后羿说道：“你如果射中了，我就赏你一万两黄金；如果射不中，我就削减你的封地。”后羿听到这句话后顿时心神不宁，持箭向兽皮射去时，没有射中，在射向靶子时，也没有射中。夏王就问其他人：“后羿一向百发百中，今天却连一下也射不中，这是因为什么呢？”有一个人回答道：“后羿之所以射不中，是因为他心里既要为射中得到一万两的黄金而喜，又要为射不中受到削减封地的惩罚而忧。”

的确，只有使心灵归于平静，才能将自己的潜力最大限度地发挥出来。这种平和的心态比一百种智慧更有力量。

如果你不出去走走，你就会以为这就是全世界。

——电影《天堂电影院》

第三部分

校园生活类

01 知识影响命运

从小开始，便经常听到老师教导我们说：知识就是力量，你们要好好学习，将来才能有所作为。的确，在知识经济时代，谁拥有知识和才能，谁就掌握了自己对命运的主导权，虽不能绝对地说知识决定命运，但可以说，知识影响命运。

拿破仑曾经说过这样一句话："真正的征服，唯一不使人遗憾的征服，就是对无知的征服。"足以可见，他认为知识是多么重要。也正因如此，他在获得知识之后振兴了法兰西，用自己的一生向人们证明了他所说的这句话。征服无知就是获得知识，获得知识才能影响和改变命运。无独有偶，20世纪的中华大地上，一代伟人毛泽东也用自己的智慧在历史上写下了光辉的篇章。年幼的他在闹市中读书，年轻的他在北京大学的图书馆里读书，广泛地吸收书中的知识。正是有了这些知识的积累，才使他成为共和国的缔造者，并且在文学、书法、诗词等方面都有很高的造诣。

王安石笔下的神童方仲永的例子已是老生常谈，可这惨痛的教训也无时无刻不在提醒着我们：知识影响命运。

屠格涅夫曾说："知识比任何东西能给人以自由。"少年强则国强，少年进步则国进步，对于我们青少年来说，当今社会是一个处处充满竞争的社会，没有知识，就很难立足。知识不仅影响着个人的命运，而且影响着国家的命运。

"书山有路勤为径，学海无涯苦作舟。"只有拥有足够的知识，才能改变自己的命运，走向人生的辉煌。

志向和热爱是伟大行为的双翼。

——歌　德

02 读书的意义

说到读书的意义，我想起一句话："读书不会让我们得到什么，却会让我们发现原来重要的东西现在不那么重要了。"

在20世纪初，山东平原县一户农家里，住着一位老人和他的小孙子。每天早晨，老人都坐在厨房的桌边，带着他的小孙子摇头晃脑地读《道德经》《诗经》《三国志》等书籍。一天，小孙子问道："爷爷，我不知道这些书里面的意思，这样读这些书有什么用呢？"老人安静地将一些煤投入火炉，然后说道："用这个装煤的篮子去河里打一篮子水回来。"孩子照做了，可是篮子里的水在他回来之前就已经漏完了。老人看着他手里的空篮子，微笑着说："你应该跑快一点儿。"说完让孩子又试了一次。 这一次，孩子加快了速度，但是篮子里的水依然在他回来之前就漏完了。他对爷爷说："这没有用，拿篮子打水是不可能的。""你真的认为一点儿用处都没有吗？"老人微笑着说，"你看看这篮子。"孩子看了看篮子，发现它与先前相比的确有了变化。篮子十分干净，已经没有煤灰沾在竹条上面了，连提手也变得更加光泽圆润了。"孩子，这和你读书一样，你可能只记住了只言片语，它的意思或许你一点儿也不理解，但是在你阅读的过程中，那些文字以及你朗诵时的气氛，都会影响你，净化你的心灵。"后来，这个小孩本着这样的信念，终生与书籍为伴，不断进取，最终成为我国宗教学的泰斗，他就是国学大师任继愈先生。

正如任继愈先生一样，读书看起来不能让我们得到的物质性的东西，但只要坚持，就会得到远比物质丰富得多的东西。愿你我都能有这样一只篮子，时常涤荡，直到成为我们生命中无法割舍的一部分。

03 我的青春谁做主

奥斯特洛夫斯基曾说："生活赋予我们一种巨大的和无限高贵的礼品，这就是青春。充满着力量，充满着期待，充满着求知和斗争的志向，充满着希望的青春。”青春是人生中最宝贵的阶段，所以我们要珍惜青春，我的青春我做主。

电视剧《我的青春谁做主》，描述了三代人在对待年轻人选择道路上的不同观念。年轻人想为自己的青春做主，而长辈们为了让子女不走冤枉路，理所当然地认为应该自己做主。这是现代家庭普遍存在的问题，赵宝刚导演希望通过这部作品，让观众更加深刻地了解家庭矛盾，尝试正确解决问题。

正如电视剧里的台词一样：“成长的经验是要靠我们自己获得的，不是家长的强行灌输。如果我不栽跟头等于没有经验，早晚有一天还是会跌倒的，父母的经验是很宝贵，但是仅供参考。”所以在青春的路上，我们要对自己负责，要有自己的思考和主见。当然，我们也不能完全忽视父母的关爱之言，毕竟，父母是真正为你好的人。

人生是一场漫长而伟大的旅行，我们应该成为行程中的主人，去探索未知，去探求真理，而不是躲在安逸的大巴车中隔着车窗看世界。在生命中的黄金时期，我们都应该勇敢前行，做自己青春的真正主人！

04 最宝贵的东西

人的一生最宝贵的东西是什么？是爱情？是金钱？是快乐？还是事业？每个人对最宝贵的东西的认识是不一样的。而我认为，正能量是人生最宝贵的东西。正能量是指一种健康乐观、与人为善、积极向上的动力和情感。而我最喜欢的充满正能量的两个词是：善良和乐观。

善良是一种修养。无论处在什么年龄段，无论处于什么工作岗位，善良的品质都应该是贯穿于整个生命的品质。经营一家广东菜馆的老板何卓远发起了“一元关爱计划”，他征集爱心商家，对80岁以上的老人提供一元钱理发、一元钱就餐、一元钱买药、一元钱打车的服务，让老人们既能得到实实在在的帮助，又能有尊严地享受到关爱。生活中并不是每个人都有能力去做大的慈善，但如果每个人都做一些力所能及的小善事，社会将会更加美好。

乐观是一种心态。人生路上不会一帆风顺，总会遇到一些困难，有一个乐观

生活最沉重的负担不是工作，而是无聊。

——罗曼·罗兰

的心态十分重要。在面对人生中重大的变故时，桑兰表现出来的乐观使人们为之感动。1998年7月21日晚，纽约友好运动会上，默默无闻的17岁中国女子体操队队员桑兰意外受伤之后，成了全世界最受关注的人。受伤后，高位截瘫的她并没有消沉下去，而是依然乐观面对生活。她的主治医生说："桑兰表现得非常勇敢，她从未抱怨什么，我能找到形容她的词就是'勇气'。"就算知道自己再也站不起来之后，她仍然说："我对自己有信心，我永远不会放弃希望。"如此乐观的心态并不是人人都有的。现实中，有多少人因为学习压力大，或者找不到理想工作而一蹶不振，甚至有自杀的过激行为。和桑兰比起来，至少我们还拥有健康的身体，我们又有什么理由不乐观呢？

正能量是社会进步的标志，也是社会文明的体现。我认为，人生中，正能量是最宝贵的东西。

05 改变，从自己开始

在学习生活中，很多人遇到一点困难便开始找外部客观原因为自己开脱，殊不知在很多时候，外部客观世界不会因为个体而改变，我们只有改变自己去适应环境，才能逐步改变自己的命运。

《古兰经》中有这样一个故事：一天，有人找到一位会移山大法的大师，央求他当众表演移山大法。大师在一座山的对面坐了一会儿，就起身跑到山的另一面，然后宣布表演完毕，众人大惑不解。大师说："这世上根本就没有移山大法，唯一能够移动山的方法就是——山不过来，我就过去。"现实中有太多的事情就像"大山"一样，是我们无法改变的，或至少是暂时无法改变的。"移山大法"告诉人们：如果事情无法改变，我们就改变自己。

昂山素季曾被缅甸军政府断断续续软禁于其寓所中长达15年，在失去自由的日子里，她的心情似乎并没有受到太大影响。她的生活十分有规律，每天清晨，她把自己打扮得清清爽爽，到室外散步半个小时，然后回到室内安静地看书、听收音机，傍晚时分写日记。她阅读诗歌、散文，学习法语和日语。她还经常在夜里独自

人总是在接近幸福时倍感幸福，在幸福进行时却患得患失。

——张爱玲

弹奏钢琴曲。这样的生活被曝光后，一位记者好奇地问：“在囚禁期间，您是如何保持好心情的？”昂山素季说：“每一个人的生活都可能被囚禁，如果他的心灵不够自由。”对于被囚禁的境遇，昂山素季保持着良好的心态，她的生活照旧，按部就班，井井有条，淡定坦然。从昂山素季身上，我们可以看到，面对不幸时，如果我们难以改变它，那就改变对它的态度吧。

托尔斯泰说：“世界上有两种人：一种是观望者，一种是行动者。大多数人都想改变这个世界，但没有想改变自己。”在生活中，遇到“大山”阻挡时，我们要做“行动者”，从改变自己开始，只有这样，才能改变属于自己的世界。

06 艺考热

“艺考热”是近些年的新闻热搜关键词，说明参加艺考的人越来越多，受到社会的关注也越来越多。

每年艺术考试人数的增加，引发了人们的“冷思考”，有多少人是因为真正喜欢艺术才选择这条路，而不是为了走所谓的“高考捷径”？

众所周知，艺考对文化课分数要求相对较低，大部分考生是因为文化课成绩不好而“半路出家”，因此众多艺考生便采取突击训练法，用专业分数填补文化课分数。其一，这是一种非常不理智的行为，为了应对高考，而在大学学习四年自己不那么喜欢的专业，真的有必要吗？艺术道路不一定适合所有人，结合自身优势寻找一条自己热爱的道路才是最正确的。

其二，虚荣心作祟。很多人只看到了明星在镁光灯下的光鲜，却不知台上一分钟，台下十年功。很多考生抱着明星梦去参加北京电影学院、中央戏剧学院等名校的考试，能不能成功考取先不提，要知道，光鲜亮丽的背后要付出持之以恒的努力，“明星梦”并非短短几个月就能一蹴而就的。盲目跟风不仅会助长社会浮躁风气，也会耽误自己的前程，是得不偿失的行为。

因此，面对“艺考热”，有志于成才的我们在报考艺术专业时，一定要从自己的志向和特长出发，切不可投机取巧，指望走捷径；也不要盲目跟风，人云亦云。

不要着急，最好的总会在不经意的出现。

——泰戈尔

毕竟，在艺术上能有所成就的人，都是那些真正对艺术孜孜不倦追求并潜心研究的人，而不是滥竽充数的“南郭先生”。

07 中学生出国留学热

最近几年，成人留学热尚未消退，一股中学生留学热潮又在我国的一些大城市兴起。有关资料显示，目前，我国留学人员中，未成年人的比例已超过50%。据教育部留学服务中心报告，每年中学生出国留学的升幅高达20%以上，而这个统计比例，还不包括国内大学、中学与海外院校互派的众多“交流学生”在内。

中学生出国留学热何以兴起？原因是多方面的。一是一些人先富起来，每年支付孩子十万元到二十万元人民币的留学费用已不成问题；二是国内升学和就业竞争压力加大，中学生要面对中考、高考的激烈竞争，很多家长担心孩子如果考不上重点中学，就会考不上好大学，最终影响就业和前途；三是教育市场国际化，许多外国学校看好中国市场。

一些望子成龙的中国家长认为，孩子出国读书，既可以自由地选择一些好专业，又可以学一门外语，将来就业也可以更有竞争力。这种心态导致近年来中学生出国留学一年“热”过一年。

但是，家长也应该从自身的经济条件和孩子的实际情况出发，不要互相攀比，盲目送孩子出国。如果家庭经济条件不太好，孩子出国留学会给家庭带来很重的经济负担，做家长的就得三思而行。另外，国内的教学方法也有许多长处，不一定将孩子送出去就是最好的。

现在的孩子们被高考“压”得太紧，到国外后容易“放鸭子”，因缺乏自控能力而影响学习。有的学生可能无法顺利地适应国外的学习、生活节奏。所以，并非所有的中学生都适合出国留学，家长和学生应综合考虑自己的实际情况，理性对待这个问题。

高尚的人物所受的折磨与他们的崇拜者所想象的完全不同。

——卢梭

08 谈谈代沟

代沟是指两代或几代人之间在价值观念、心理状态、生活习惯等方面的差异，是客观存在的，正确理解、处理它不仅会使家庭温馨，也会使自己多一份愉快，少一份烦恼。

年轻人很难理解为什么父辈都喜欢忆苦，“想当年，我像你这么大的时候……”这句开场白后往往就是一番说教。为什么父辈的回忆总是苦难的？为什么就是看不惯年轻人？父辈们也深深地困惑，一条好好的裤子为什么非要剜上几个洞？黑头发为什么要染成五颜六色？……这种代沟问题几乎每个家庭都有，谁也无法说服对方，“沟”两旁的人都疑惑，到底是谁错了？

年轻人是社会发展中最活跃的分子，他们追赶潮流，标新立异，注重个性。父辈相对而言则是沉稳而内敛的。他们的目光深邃，阅历丰富，他们看不惯年轻人的浮躁与冒失，以“实效”为首要目的，他们不愿冒险，不喜欢出风头，是社会发展中的稳定因素。

人与人之间，由于出生年代、家庭环境、成长经历等方面的差异，有代沟是再正常不过的事情。我们要做的是换位思考、互相理解、求同存异，不拿放大镜去看待彼此不认同或不理解的事情。处理好人际关系是为了沟通，只要能有效沟通，何必强求所有人和事都符合自己的想法和要求呢？正因为代沟在人与人之间普遍存在，尊重对方并保持距离才显得尤为重要。因此，解决代沟问题的最好办法是父辈要对年轻人加倍地呵护和关爱，尽量掌握和学习新时代的文化知识，并用宽容和发展的眼光看待新生事物。年轻人也不要嫌弃老一辈思想保守，其实很多事情等我们真正经历过才会发现，之所以“吃亏在眼前”，就是因为“不听老人言”。

每个人的经历不同，所处的时代不同，形成的思想观念不同，有代沟在所难免，但它并不是无法逾越的。多一份理解，少一份自我封闭，多设身处地为他人着想，多点沟通，代沟便自然消失了。

时尚使我们做出许多愚蠢的行为，其中最严重的是使我们成为它的奴隶。

——拿破仑

09 高分低能

高分低能，常用来形容在学业上能够获得高分数，但是在实际工作和生活中却表现较差，自理能力、人际交往能力、创新能力等方面存在较大问题的人。

生活中有很多人，在学校里，是成绩优异的拔尖生，在家里，是受宠的“小皇帝”。于是有的学生，因为生活不能自理，只能报考家附近的高中；进了大学，还得母亲到校为他洗衣服。成绩固然重要，但若连简单的家务活都不会做，踏入社会以后如何生存？又如何真正成才呢？高分低能不可取，也难怪11名内地高考“状元”被香港大学以“不愿录取对课外活动缺乏兴趣的‘书呆子’”为理由拒之门外。

造成这种情况的原因是多方面的，但我认为最重要的是高考制度对学生的影响。当然，近年来，我国高考制度逐步改革，一些学校尝试将体育、计算机等考试成绩纳入高考总成绩，相信这是一种好的趋势，能够全方面提高学生的综合素质。

时代不断发展，改革开放不断深入，社会对人才的要求也越来越高，动手能力差的人，在社会上难以立足。追根溯源，就是因为他们从小缺乏培养动手能力，致使十多年寒窗苦读，到头来变成一个只有空头理论而缺乏实践能力的“书呆子”。所以，更多地参加社会实践，积极将书本知识与社会生活有机结合起来，才是避免高分低能的根本措施。

10 素质教育与应试教育

“分分分，学生的命根；考考考，老师的法宝。”这句顺口溜道出了应试教育对师生的深刻影响。走在大街上，我们经常可以看到小学生背着沉重的书包；在中学教室里，几乎每张书桌上都堆着高高的书籍和试题；每到高考录取阶段，很多中学校门口挂着报喜横幅……其实这些都是应试教育的具体体现。

志当存高远。

——诸葛亮

虽然素质教育在我国提倡多年，但不得不承认，在目前很多考试中，分数依然是评判考生最主要的标准。虽然一些学校大力提倡素质教育，也取得了一些成果。但这些学校的中高考成绩却大不如前，引发学生家长的不满，最后又不得不走应试教育的老路。

应试教育之所以被采用多年的主要原因，无非是它最大限度地适应了目前的考试制度及招生录取标准。虽然素质教育备受大家推崇，但素质教育的成果很难有一个相对统一的评价标准。并且在城乡教育失衡的背景下，农村考生要与城市考生拼所谓的综合素质肯定是拼不过的。依靠埋头苦学拼分数，是农村学生弥补教育资源的先天不足以及家庭条件限制等各种劣势的无奈选择。在很多人看来，靠分数评判学生才是公平的。

我觉得，现阶段推行全面素质教育的条件还不成熟，且国家对学生综合素质能力的测评还没有统一的标准。在这样的情况下，我们还是应该在以应试教育为主的基础上，逐步通过改变招生录取方式及课程教学内容，使应试教育与素质教育完美结合。

身教重于言传

言传身教是我国几千年传统教育的永恒主题，我认为，身教远远重于言传。但是在实际生活中，重“言传”、轻“身教”的现象却有很多。毕竟“言传”的嘴上功夫来得容易，而“身教”的作风品行却不是一朝一夕就能养成的。一些家长说一套，做一套。一面给孩子讲孔融让梨，一面自己却在孩子面前插队抢座；一面让孩子尊重父母，一面自己却不尽赡养父母的义务；一面让孩子好好学习，一面自己却一年到头不看书，沉溺于麻将或游戏中。子女会把家长的表现看在眼里，记在心里，并反映在行动上。

2016年4月14日，91岁的火箭专家梁思礼在北京去世。梁先生是中科院院士、国际宇航科学院院士、国家科学技术进步奖特等奖获得者，也是中国航天事业的奠基人之一。这些头衔都极有分量。但除此之外，他还有一个引人注目的身份：梁

学者的忧愁，是好胜；音乐家的忧愁，是幻想；侍臣的忧愁，是狡猾；女人的忧愁，是挑剔；情人的忧愁，是集以上一切之大成。

——莎士比亚

启超的儿子。梁启超一共有九个子女，其中梁思成、梁思永、梁思礼三人为院士，其他人几乎也都是各行各业的精英，号称“一门三院士，满庭皆才俊”。“一门三院士”，这在中国科学史上是绝无仅有的，即便放眼世界，也屈指可数。梁家满门俊秀，自然与梁启超的言传身教息息相关。梁启超子女的成才，与家庭环境有莫大关系。梁启超特别注意培养孩子们的感恩心、同情心及礼数。对于帮助过自己家庭的二叔，他叮嘱孩子们逢年过节必须去信道谢、拜年；外祖父去世，他叮嘱孩子们不但要来信安慰妈妈，还要给舅舅们去信表达抚慰之意。

父母是子女的一面镜子，更是子女最好的老师。言行一致、以身作则，是最好的教育方式。

12 我看英语考试改革

2017年，许多省份对英语高考进行了改革。改革后的英语将实行社会化考试，一年两考，三年六考，考生可多次参加，取最高成绩。从形式上看，英语确实“退出”了高考，但是本质上英语并没有退出：第一，不论英语考一次、考两次，都是要考，取最高成绩记入高考总分；第二，只要是计入总分的考试，就不是自主化考试，还是统一考试；第三，英语考试成为一种社会化考试，由考生自己去选择。毋庸置疑，大多数学生肯定都会选择冲击最高等级。

英语社会化考试的目的是要让英语教学和学习更加有效率。英语学习主要在于“听说读写”能力的提升。首先，中国青少年的英语口语能力普遍较弱，口语是中国学生的短板。想要学生在没有外部语言环境和缺少练习的情况下去强化口语，是有一定困难的。其次，以往的英语听力是在做选择题，改革之后，学生需要根据听到的文章内容进行反馈和表达自己的意见，难度有所提升。另外，英语阅读和写作都更加强调实用性。比如以前的英语阅读考试以选择题为主，而改革之后很可能会让学生针对一篇文章写自己的感受。这不仅对学生阅读理解能力有更高

信用是难得易失的。费十年功夫积累的信用，往往由于一时一事的言行而失掉。

——池田大作

的要求，也给学生英语逻辑分析能力带来很大的挑战。英语学习，特别是英语口语的学习在改革之后变得越来越重要，如何打破目前学生“哑巴英语”的学习窘境，真正从“听说读写”四个方面提升学生的英语学习能力，值得我们深思。

13 谈谈考试作弊

考试是鉴定学习效果的一种有效方法，而在考试中，值得人们注意的一个问题便是作弊。学生在平常考试中作弊，无非是想考个好成绩，用所谓的“好成绩”来满足自己的虚荣心；在“初升高”考试中作弊，无非是想考上重点高中；在高考中作弊，也无非是想考出更高的分数，进入更好的大学。我对考试作弊有以下几点看法：

第一，考试作弊是一种弄虚作假的行为，是对自己、对他人不负责任的表现，严重违背了“公平竞争”的原则，对他人利益造成了危害。所以，在考试过程中实事求是、诚信应考十分重要。自古以来，诚实守信就是中华民族的传统美德。现在有些学校在平时考试中设立“文明考场”，只有录像监控，无老师监考，学生凭自觉答题。我想在这样的环境下，我们更要做到行为端正、遵纪守法、遵守公德、严于律己。

第二，考试作弊具有严重的社会危害性。对于在作弊手段中常见的替考行为，长期以来，国家法律处罚偏轻。刑法修正案出台后，不仅规定在国家组织的考试中作弊行为本身要受到处罚，组织作弊、帮助作弊的人也将受到处罚。这就意味着只要为作弊者提供帮助，都将构成犯罪，并且对此类犯罪行为最高可判处七年有期徒刑并处罚金，惩罚力度明显提升。这对于净化考试环境，营造公平公正的考试氛围提供了重要的法律保障。

面对考试，唯有自觉克服各种不良因素的影响，彻底打消作弊念头，依靠真才实学才是我们最明智的选择。

令人反感的，不是世界的丑陋，而是这个世界所戴的漂亮面具。

——米兰·昆德拉

14 如何看待“大学无用论”

考上理想的大学，是所有考生的共同心愿。但考上大学究竟有什么用？很多老师和家长只是告诉我们，上大学能学到很多有用的知识，毕业后能够找到一份理想的工作。但这样的答案对原本就被学习压得喘不过气的我们来说，显然不能激起我们的学习兴趣。

现在，社会上流传一种说法：读大学还不如去创业，拿读大学的钱去做生意，不仅可以挣钱，而且还不用浪费四年的时间。甚至当你成为公司老板后，读过四年大学的高中同学还要去给你打工。这种观点不仅狭隘，而且浅薄。因为读书不只有挣钱一个目的。社会上有很多的“暴发户”，虽然他们很有钱，但他们身上却散发着庸俗与粗鲁的气息，即使穿金戴银、一身名牌也掩盖不了他们的无知。当我们在羡慕“暴发户”腰缠万贯的时候，殊不知他们也在羡慕读书人的知识与品位。

在生活中，确实有很多过着“啃老”生活的大学毕业生，这似乎证明了“读书无用”这句话，也让一些不欢喜读书的人找到了借口。但前不久，我在网上看到一篇文章《不是读书无用，而是你无用》，这篇文章认为，现在社会上之所以会出现“读书无用”“大学无用”的论调，是因为很多大学生把自己局限在书本里，没有到大千世界去感受真实的生活，甚至还将“读书无用”作为借口，理直气壮地逃避现实生活。

我认为，读大学不是为了一纸文凭，而是为了能够遇见一个更好的自己，让自己以后的生活有更多的选择。

15 如何看待学生高考后撕书

每年高考过后，高三学生撕书的新闻报道就会不断进入公众的视野。随着一阵阵狂欢，书本瞬间碎纸如雪，呈现出“千树万树梨花开”的壮观场景。撕书仿佛演变成一场肆无忌惮的“毕业礼”。

一分钟的思考抵得过一小时的唠叨。

——托马斯·胡德

“谁的青春不迷茫？”在当前应试教育的大背景下，高三学生的升学压力可想而知，“疲劳战术”“题海战术”使得他们的情绪早已憋成了“堰塞湖”。高考过后，他们将沉积十多年的心理压力释放到撕书这个过程中。有高三学生说：“看着漫天飞舞的雪花，我终于清晰地看到，我的少年时代就这样终结了，我即将变成真正的成年人，就算我还没有准备好，但是它就这样来了。”

当然这不是鼓励学生撕书，要解决这个问题，需要老师帮助学生找到更好的情感出口，创造条件让他们缓解不良情绪。比如安排心理导师，开通心理热线，积极为学生进行心理疏导；设置“情绪发泄室”，配备相关设备，供学生合理宣泄。如果一味封堵，只能适得其反。据报道，某地高三学生最后一天上课时，上演集体撕书，老师制止此举，竟遭到学生围殴，导致其头部受伤。而有一些学校面对漫天飞舞的纸片则表示，“不鼓励”但“也不支持”。

撕书会产生大量的垃圾，增加保洁员的工作量。现在一些学校或机构将高三学生的书籍回收利用，把书本送给贫困地区的孩子。还有一些学校在高考后举办“旧书跳蚤市场”，不仅给同学们带来了乐趣，也转移了学生撕书的注意力。多鼓励这些行为，渐渐地，撕书就会淡出人们的视线，淡出我们的生活。

16 说理想

古希腊哲学家柏拉图说过：“人可以没有金钱，可以没有美貌，但不可以没有理想。若要看一个人是否真正存在于这世界上，就要看他到底有没有理想。”的确，没有理想的人于这世界只是行尸走肉罢了，没有任何价值可言。一个人只有真正拥有了自己的理想，他的人生才会有意义，他的存在才会有价值。

有理想的人会为了理想奋斗一生，矢志不渝。如西周姜子牙，年近九十，仍每日垂钓溪畔，直钩钓鱼，坐等贤者。直至文王到来，姜子牙被委以大任，辅佐西周，终灭商纣，功成圆满，随即隐去。人生七十古来稀，而姜子牙九十出山，接受伐纣大业，为的是他心中一直存在的理想——拯救人民于水火之中。当他实现自己的理想后，便功成身退。古人尚且如此，21世纪的我们又怎么能不拼尽全力为我们的

伟人不只是在事业上惊天动地，他时常不声不响地深思熟虑。

——克雷洛夫

理想而奋斗呢?

有些人的理想不仅仅关乎自己，更关乎黎民万姓。伟大的现实主义诗人杜甫的作品被人们称为“诗史”，就是由于这些作品反映了唐代安史之乱前后的社会生活，是那个时期社会生活的真实记录，具有很高的史学价值。杜甫终其一生都在为百姓的利益四处奔波。“安得广厦千万间，大庇天下寒士俱欢颜”，以及著名的“三吏”“三别”便是最好的证明。虽然他最终没能实现自己的理想，但他心系百姓，用实际行动为我们展现了一个爱国诗人应有的高尚品质。

生活好比旅行，理想是旅行的路线。失去了路线，就寸步难移。理想，是一个人生活的动力和目标，每个人的理想都不尽相同，但每个人都必须为自己的理想拼尽全力。不管最终结果怎样，希望我们都能自豪地说:“我曾经为我的理想全力奋斗过!”

17 如果高考失败

我曾看到过这样一则报道: 我们的社会结构像一个“金字塔”，无论社会多么公平，总是多数人处在塔基，少数人处在塔尖。有人认为，对很多高中生来说，高考就是向“金字塔”上层行进的一个“独木桥”，如果通不过这个“独木桥”，那么就只能长期处于“金字塔”的下层。虽然我觉得这个说法欠妥当，但是高考对于我们高中生来讲确实有着至关重要的作用。

每年高考成绩出炉或者大学录取结束，总会出现“几家欢喜几家愁”的局面。虽然榜上无名，但我相信脚下有路，人生道路千千条，条条都是成功道。如果高考失败，主要有这样几条路可以选择:

第一是复读。再考一年，是很多落榜考生的选择。正如歌里所唱的:“心若在，梦就在，只不过是从头再来。”如果确实因为高考发挥不理想或者志愿填报失误，选择复读既能给自己多一条路，也可以吸取上一年的教训，在来年的高考中争取更好地发挥出自己的水平。

第二是就业。对于高中毕业生来说，要想找到理想的工作可谓难上加难，因

为了博得他人的赞许与微笑，我战战兢兢地将自己套入所有模式、所有桎梏，走到途中才忽然发现，我只剩下一副模糊的面目和一条不能回头的路。

——席慕蓉

为绝大多数的职位都要求本科及本科以上学历，高中生只能望而却步。这时，高中生就应该明确自己的定位，可以学习一门较为实用的职业技能或者勤奋创业。因为不管社会怎样发展，都需要职业技能人才和企业家。

第三是入伍。每年征兵入伍时间为8月，正式入伍时间为9月，这样的时间安排正好与高中生的毕业时间相吻合，且高中生的年龄与学历都已经达到入伍要求。热血儿女在火热的军营里面，不但可以使自己得到锻炼，而且可以为保家卫国作出贡献。

高考失败，并不意味着与大学彻底无缘。在以后的生活中，我们还可以通过自学考试、成人高考等方式重圆自己的大学梦，使自己更有信心地去面对这个充满竞争的社会。

18 高考之后的愿望

高考之后最想干什么？有记者对百名即将高考的学生展开了问卷调查，得到了各种各样的答案。有人想旅游，好好放松心情，看看祖国的大好河山；有人想打工，在社会实践中感受生活。经过长期的高强度学习之后，考生们会根据各自的兴趣爱好适度地参加一些娱乐休闲活动，这是有利于身心健康的。

高考考场上考的是我们，考场之下考的是家长。每年6月下旬，正是家有考生的父母最忙碌的时候，参加报考指导会、研究孩子要报考的学校和专业、全家老小集中商讨，高考后的紧张程度丝毫不逊色于高考。而我高考之后的愿望很简单，就是让妈妈好好睡一觉。

这个愿望虽然简单，但在高考之前却很难实现。紧张的高考复习不仅让我时刻处于备战状态，也让对我关心备至的妈妈神经紧绷。进入高三以来，妈妈每天早晨5点10分准时叫我起床，然后我洗漱，妈妈为我做早餐。5点45分出家门，因为天色还未亮，所以妈妈会送我一段路，等天渐亮时再返回去。

妈妈每天除了工作，想的就是如何给我补充营养。晚上，因为我要学习到11点半，所以妈妈也会在客厅坐着一直陪着我，怕吵到我而不看电视，适时给我端杯

最弱的人，集中其精力于单一目标，也能有所成就；反之，最强的人，分心于太多事务，也可能一无所成。

——卡莱尔

热茶或牛奶。

妈妈如此为我操劳，我很心疼。可我知道，不管我怎么劝她休息，她都不会听。只有等高考结束，妈妈才能好好休息。所以我高考之后的愿望就是让妈妈安心踏实地睡个好觉。

19 理想的师生关系

古人云：“人之相交，贵在交心。”对于师生关系而言，交心，不是教师一人滔滔不绝地讲话，而是师生间情感的沟通，思想的交流。学生通过教师的眼睛，了解教师的关心、企盼和鼓励；教师从学生的眼睛里，观察学生心灵的波动，引发共鸣，这样的交心才是真正的沟通。

教师与学生是平等的，教师需要学生的尊重，学生同样也需要教师的尊重。多年来，我们受尊师重教的影响，在学问探讨方面、道德行为方面，教师出现错误时，说一声“对不起”却成了难事。有的学生不喜欢某些教师的主要原因是：“老师认为他从来没有错的时候。”古希腊哲学家亚里士多德曾说：“吾爱我师，吾更爱真理。”真理面前人人平等，这也是一条真理，敢于说“对不起”的教师，会永远受到学生敬重。

教师真诚关心和爱护学生，不仅需要在思想上、学习上、生活上给予学生关心，而且要具体体现在实际行动上。平等对待每一位学生，不论成绩好还是差，不论家庭富裕还是贫穷，不论学生是否犯过错误，老师都应该一视同仁，尊重学生人格，公平、公正、平等地对待每一位学生，让学生有一个温馨和谐的场所学习。只有这样，师生关系才能融洽，学生才能真正尊重老师。

传道之人，必须闻道在先；塑造他人灵魂的人，必须要有高尚的灵魂。唯有如此，教师的教育才会具有一种神奇的魔力，深深地吸引并感染学生。

一个成熟的人往往发觉可以责怪的人越来越少，人人都有他的难处。

——亦　舒

20 复读

为了实现自己的大学梦想，不少高考落榜学生选择复读，很多高中学校也设有专门的复读班级。我们所熟知的马云、俞敏洪、巩俐等知名人士也都是通过复读才考入理想大学的。

复读给了考生新的机会与可能，让他们能够再次积蓄力量去为自己的大学梦想拼搏努力。但是，不少复读的考生高考成绩原本不错，甚至已经被大学所录取，只是因为对所录取学校或者专业不满意才选择复读，这样就导致宝贵的大学教育资源白白浪费。

对考生来说，高考成绩出来后，要慎重考虑自己到底去不去读大学，如果去读大学，就正常填报高考志愿；如果想再奋斗一年，考个更好的成绩，就不要填报志愿浪费名额，影响他人录取。现在很多省份在每年9月中旬都有专科学校的补录政策，以解决一些大学因为新生没有到校报到而导致的生源不足问题，同时也给了很多落榜学生上大学的机会。但是每年也有很多被本科高校录取的新生选择复读的情况，如果这些学校也有像专科学校补录的政策，可以在一定程度上避免教育资源的浪费。

对于考生来说，选择复读本身也有很大的风险，因为如果再次失利，对个人、家庭造成的伤害将很难弥补。所以我们在选择复读时，要深思熟虑，在细节上多多留心，努力实现自己的大学梦想。

21 谢师宴

自古以来，中国人就有尊师重教的传统。孩子升学了，感谢一下辛苦栽培孩子多年的老师无可厚非。但近年来，谢师的方式却在不知不觉中趋于功利化，演变成用金钱和排场衡量的谢师宴。谢师宴会给师生情笼罩上物质化和庸俗化的阴影，不应提倡。

明白事理的人使自己适应世界，不明事理的人想使世界适应自己。

——萧伯纳

尽管近年来舆论频繁抨击谢师宴，备受争议的谢师宴仍会准时开席。我认为，谢师作为一种传统，不必非要选择宴请的方式。平时学生对老师尊敬，努力学习就是对老师最好的感谢。随着新媒体网络的发展，致谢的方式也越来越多，比如微信、短信致谢，网络电话视频致谢，毕业以后常回学校看望老师，经常和老师联系，等等，都可以表达对老师的感谢。

站在老师的角度来说，毕业师生聚聚，没有什么不好，清茶一杯，水果几盘，在一种轻松、平和、愉悦的氛围中，更有利于师生畅谈过往，交流感情。如此一来，一些家庭经济状况不是很好的学生，避免了谢师宴"凑份子"所带来的经济负担，老师也不会为筵席所累，为酒精所伤，师生两相宜，何乐而不为呢?

所以，教育部门应该加强对学生和教师的引导，不鼓励学生摆谢师宴，也不倡导教师参加谢师宴。相反，应该鼓励学生通过更加健康、多样的方式，表达对老师的感谢和感恩，让感念师恩回归单纯，回归心灵。

22 谈谈早恋

早恋指的是青春期青少年建立恋爱关系的行为。随着年龄的增长，对异性产生懵懵懂懂的好感，是人在青春期发育过程中的正常现象。所以，对于所谓的早恋问题，家长和老师们不要过度紧张或者采取强制性措施，而是应该正确引导，帮助孩子们树立积极健康的恋爱观。

一般人认为青少年恋爱会带来很多问题。第一是学习问题，早恋导致成绩下降，对女孩的影响更为明显。第二是心理问题，中学生心理发育还不成熟，而恋爱中难免会遇到吵架、分手等问题，可能会引起一系列不必要的麻烦。而且，恋爱时消费较多，会增加父母的经济负担，是一种不明智的行为。

中学生早恋不是心理问题，是正常的情感需求。家长和老师们关注早恋的同时，也要采取正确的方法加以引导。比如家长可以友好地跟孩子讨论这种情感，帮

如果错过太阳时你流了泪，那么你也要错过群星了。

——泰戈尔

助孩子正确认识情感。同时，教会孩子保护自己。家长还可以与孩子探讨理想，让孩子清楚现在最重要的是什么，而不是在恋爱上浪费很多时间和精力。

我觉得，早恋是一种正常现象，我们对此应该保持理智、开明的态度，使孩子能够健康成长。

23 高考加分政策

近几年，高考加分政策逐渐“瘦身”，不仅大幅度削减了加分项目，而且还降低了加分分值，得到了社会各界的一致好评。

高考加分政策一直以来都备受争议。一方面，这项政策确实让更多边远地区、少数民族考生有机会走进大学，促进了教育的公平与民族的团结；另一方面，由于政策执行过程中存在着一些弄虚作假的现象，一些人甚至通过篡改民族成分、购买国家二级运动员证书等方式来享受加分政策，违背了高考的公平原则。

何川洋是重庆市2009年高考文科状元，与北京大学签订了预录取协议。但令人没想到的是，在高考前，他的父母为了让他能够获得加分资格，竟然利用职务上的便利为他篡改了民族成分。这件事情一经报道，受到社会一致谴责，北京大学最终放弃录取他，他的父母也受到了严厉的处罚。还有媒体报道，湖南省体育局在清理检查中发现，一些体育特长生百米跑的成绩竟然比国家规定多了七八秒，一名女同学跑出21秒34的成绩，甚至不如一个普通小学生。这些明目张胆的弄虚作假行为屡屡出现，损害了高考政策的权威性。这说明如果不能全面堵住政策漏洞，高考的公平性就难以得到保证。

削减高考加分项目大快人心，但一些项目的取消也应该有一个缓冲期，比如一些同学学习奥数多年，突然取消加分势必给他们造成很大的影响。因此，高考加分政策在“瘦身”的同时，应该更加规范化和透明化，真正保障高考的公平与公正。

由于过分审慎，人们对于时机就会重视不够，以致坐失良机。

——卢梭

24 高考移民

“高考移民”是我国教育中的一个特殊现象。由于我国幅员辽阔、考生众多，且各地区之间教育水平存在较大的差距，所以实行各省、市、自治区分别评卷和划定高考录取分数线的政策。“高考移民”是指部分考生家长利用各地存在的高考录取分数线的差异及录取率的高低，通过转学或迁移户口等办法将子女送到高考录取分数线相对较低、录取率较高的地区应考的投机现象。

高考移民破坏了教育公平。因为高考录取分数线的差别政策本是照顾边远落后地区人才培养的优惠措施，是一项德政善举。国家希望借此实现教育公平、机会均等，解决我国区域经济社会发展不平衡的问题。而“高考移民”通过不正当手段使得外地考生实现“移民”，挤占了当地的招生指标，给当地和外地考生制造了新的不公平。

近几年，各地查处“高考移民”的新闻不断出现。我们应该认识到，正是各地的高考录取分数线相差悬殊，才使一些家长费尽心机，使出各种手段，不惜花费巨资买户口、开证明，目的就是让孩子在录取分数线低的地区参加高考，考上大学。“高考移民”涉及教育、公安、卫生等多个部门。治理“高考移民”需要多部门协调，司法部门强力介入。只有采取有效措施，从严查处违法违规行为，综合治理“高考移民”投机行为，回归社会的公平正义，才能维护公平有序的高考招生环境。

25 教育公平问题

“百年大业，教育为本。”从古时候的八股取士，到今天的中考、高考、国考，我们不难看出教育的重要性。目前，我国教育仍存在诸多问题，主要表现为城乡和地区之间教育投入、办学条件、师资力量存在较大差距。进城务工的农民工子女上学困难，相当一部分贫困学生难以承受高中和大学的学费，地区之间高等教育的入学机会存在明显差距。以上问题的根源在于教育不公平。

要想实现教育公平，首先，政府应当承担起责任，逐步增加公共财政对教育事业的支持力度，充分发挥政府调节资源配置的职能，公平地分配教育资源，尤其对贫困落后地区要做适当的政策倾斜，改变其办学条件差、师资力量薄弱的现状。同时，政府要加大对教育管理的监督力度，把教育公平纳入政府绩效考核体系，加强政府教育问责制度建设。

其次，改革现有教育体制。改革高考的招生制度，使广大考生拥有同等接受教育的机会，实现教育公平。

最后，加强和完善教育立法，用法律来保障教育公平。针对教育领域存在的问题，用法律给予调整和规范，用法治精神促进教育公平。

孔子说："有教无类。"教育是一个民族最根本的事业，关系到国家的命运，关系到广大人民的根本利益。只有实现教育公平，才能保证国民经济快速、持久发展。

26 艺考生

看到这个题目，我不禁感慨万分，因为我也是艺考追梦大军中的一员。

每到艺考季，就会有长长的候考队伍排在考场外。我们精心准备、怀揣梦想，在门外久久等候，只为了跨进考场那一刻的倾力绽放。

近几年，参加艺考成为越来越多的高中生进入大学的一种选择，或者说是一个契机。其中，播音主持专业又因其在镜头和话筒前工作的特殊性质，且文化成绩要求相对较低，便成为一些考生竞相报考的专业。另外，由于生源井喷，越来越多的大学相继开设了播音主持专业。于是，在考生大军和专业院校的双重推动下，播音主持专业的"艺考热"便产生了。

然而，透过火热的表象，我们还是应该冷静地看到，在各省长达两个月的艺考和几百所高校的专业考试中，考生要想通过短短几分钟的展示，成为最出众的那一个似乎并不容易。同学们是否能通过艺考圆自己的"大学梦"，似乎还是一个

一个人的后半辈子均由习惯组成，而他的习惯却是在前半辈子养成的。

——陀思妥耶夫斯基

未知数。因此，选择艺考要理智，要慎重。

当然，既然选择了出发，就一定要相信自己，并为之付出坚持不懈的努力。我们要坚信，宝剑锋从磨砺出，梅花香自苦寒来。

艺考生只有通过不懈努力和充分准备，才能从心底散发出自信、阳光的笑容，才能在跨进考场大门、脱下厚厚外套的那一刻，绽放出自己最耀眼的光芒。

世上有两样东西不可直视：一是太阳，二是人心。

——东野圭吾

第四部分

时事热点类

01 我看“明星吸毒”

近年来，有关明星吸毒的新闻不断出现，柯震东、房祖名、李代沫、宁财神、张默、尹相杰等明星相继因为吸毒被捕。看到这些明星吸毒丑闻，有网友不禁感叹：“贵圈真乱！”

毒品，麻醉人的心灵，腐蚀人的身体。与普通人相比，明星是公众人物，社会知名度高，一个明星吸毒往往会给社会带来巨大的负面效应。作为公众人物，本应洁身自好，给世人展示良好的形象，但一些明星因毒品而迷失了自我。这些吸毒者给娱乐圈、文艺界的道德信誉带来了致命的损害，更可怕的还有众多追星族以他们作为“偶像”，并对他们的言行进行模仿。

虽然说明星吸毒会受到法律的制裁，但他们涉毒对社会的危害却远大于常人。明星频频身陷涉毒违禁丑闻，会使他们的粉丝群体对毒品危害产生错误的判断，久而久之，甚至会造成毒品低龄化趋势。从这个方面来说，明星有义务为社会树立正面的形象，做积极的榜样。明星理应承担更多的社会责任，用自己的行为向公众传递“正能量”，做一个有价值、有品行、有道义的明星。

因此，为了自己的事业和前途，为了自己的家人和朋友，也为了自身的社会责任，明星应该自觉自律，遵纪守法，远离毒品。

02 构建和谐社会

和谐社会是人类孜孜以求的一种美好社会，也是实现伟大的中国梦的前提。马克思主义哲学理论告诉我们：矛盾就是对立统一。的确，社会是一个多元化的

人生的道路虽然漫长，但要紧处常常只有几步，特别是当人年轻的时候。

——柳　青

总和，不和谐现象也是其发展中的必然。我们可以尽量避免矛盾的发生，但是永远无法彻底消除矛盾。既然这些社会中的不和谐现象始终存在，那么我们该如何构建和谐社会呢?

有一年的奥斯卡最佳短片获奖影片讲了这样一个故事：一位女子在餐厅买了餐食以后放在一个餐桌上，随后去拿勺子，当她回来的时候，竟然发现一个陌生男子在吃着自己的饭。这位女子非常愤怒，破口大骂，但是男子却全然不顾她的发作，若无其事地继续吃饭。女子无奈之下，眼看自己的饭就要被男子吃完，只好坐下来和男子一起吃了起来。男子用异样的目光看着她，但随后便不再说什么，甚至还把自己买的汤分享给女子。当男子走后，女子突然发现，原来这不是自己的座位，自己买的那份饭还好好地放在旁边的餐桌上。

这是一个很小的故事，却感动了所有奥斯卡的评委。我们从中不难发现，当不和谐事件发生的时候，如果我们加以正确引导，就可以把不和谐变为和谐。同样，如果处理不当，和谐事件也有可能变得不和谐。所以构建和谐社会需要每一个人的包容与爱心。马克思说过：“对和谐之美的追求是人类的本能。”这说明，人类骨子里有着追求和谐的共性，虽然社会上现在仍然存在许多问题，但假以时日，和谐社会一定能如一朵花绽放在我们眼前。

03 我看“3·15”

我们常说的“3·15”，指的是每年3月15日的“国际消费者权益日”。对于消费者来说，购物时再雪亮的眼睛也有眼花的时候，这便给不法分子留下了可乘之机。这些假冒伪劣商品在给人们造成经济损失的同时，还可能给人们带来终生的痛苦。不少病人因为服用假药，不仅没有治好病症，反而病情越来越重；还有一些婴儿喝了“三聚氰胺”奶粉之后，变成了“大头婴儿”。

在这一天，中央电视台举办的“3·15”晚会最受人们关注。这台晚会已有26年的历史，它通过揭穿侵害消费者权益的骗局、陷阱和黑幕以及报道假冒伪劣商品，对维护消费者的合法权益，规范市场经济秩序起着重要的促进作用。

感谢上帝没有把我打造成一个灵巧的工匠，因为我的那些最重要的发现都是受到失败的启发而获得的。

——戴　维

相信很多人都会被一些推销电话、诈骗电话骚扰得不胜其烦，即使我们安装软件对骚扰电话进行拦截、屏蔽，也依然防不胜防。这些电话不仅干扰了我们的正常生活，甚至会让我们蒙受经济损失。在2015年的央视“3·15”晚会中，记者就针对这件事进行了深度调查。让观众完全没有想到的是，为这些骚扰、诈骗电话提供技术支持的幕后推手竟然是本该负有监管职责的运营商中国移动和中国联通。这两家公司甚至给“10086、110”之类的诈骗电话一路“开绿灯”，即使发现诈骗电话显示的是虚假主叫号码，仍然允许其通传。运营商为了自己的一己私利，明知故犯地损害消费者合法权益，令人十分不齿。在曝光这件事的当晚，中国移动表示将立即认真核查，严肃处理。

许多案例都表明，“3·15”晚会确实能够让一些不法商家闻风丧胆，但我觉得除了让媒体承担一定的监督责任外，国家相关部门还应该对侵害消费者权益的犯罪分子进行严厉惩处，用法律的武器维护消费者的合法权益。

04 让天空更蓝，大地更绿

习近平总书记曾说：“绿水青山就是金山银山。”这句话引起了全社会强烈而广泛的共鸣，开启了我国新一轮生态文明建设的热潮。

近年来，中国在生态环境保护领域取得的进步大家有目共睹。在国内，通过立法，加强监管力度，取缔了不少污染严重的企业。在钢铁、机械制造等行业中推行严格的环保标准，同时，大力发展核能、风能、太阳能等清洁能源，逐渐减少并摆脱对不可再生资源的依赖，在全社会倡导节能环保的理念。在国际上，基本上所有涉及气候变化、生态环境保护的国际公约，中国都参与签署并积极落实履行。作为人口大国和能源消耗大国，中国在节能减排和治理污染方面所做的努力，也是对国际社会实现可持续发展的一种贡献。特别是中央环保督察组相继进驻各地，实现了对31个省份督查全覆盖，回应了老百姓关切的环境问题，治理了不少环境污染问题，取得了令人瞩目的效果，得到了老百姓的高度认可。

一棵树好栽，而一片森林不易培育。生态文明重在建设，难在坚持。让我们携

自古成功之大人物，莫不从铁中来，血中来，荆棘中来，冰雪中来。

——于右任

起手来，把环境保护意识落实到生活和工作中的每一个细节，更加自觉地爱惜自然、保护环境，走向生态文明新时代，托起一个山明水秀的美丽中国。

05 珍爱和平

回顾世界近代史，全世界人民在过去的两百年里遭遇了太多的苦难，其中，有不可避免的天灾，然而更多的却是人祸——战争。

21世纪全球关系相对稳定，各国都在致力于自己的发展，但眼前的局势仍然不容乐观。因为在这科技飞速发展、知识大爆炸的时代，人们的欲望和野心越发膨胀，这背后就隐藏着巨大的危机。近几年，国与国之间的摩擦频繁发生，国际关系处于一个极其微妙的阶段，稍有不慎就有“走火”的危险。

我们这一代人生活在祖国和平的大环境中，体会不到战争带给人的恐惧和绝望。像生活在叙利亚、伊拉克的孩子们，他们之中的很多人无时无刻不在过着与子弹擦肩而过的生活。生命并不是属于自己的，这是一种怎样的心情？

的确，战争可以让获胜方获得资源和土地，一些国家就是凭借战争成为世界霸主。但是俗话说得好：杀敌一万，自损三千。战争一开始，双方其实都已经输了。但历史上所有的战争胜利者，都只会炫耀自己杀敌多少，却忽略了这个数字背后有多少人妻离子散、家破人亡。

和平，是全世界人民共同的愿望。战争不仅会摧残人心，还会对生态造成难以修复的损伤。你见过原子弹爆炸后寸草不生的荒原吗？你见过海战过后一片死鱼的情景吗？所以，让我们一起珍爱和平、珍爱生命、珍爱自然。

06 谣言止于智者

“谣言止于智者”，这句话的意思是谣言在善于思考的人面前会被揭穿及无视。当听闻一句言论时，如果能够静下心来理清来龙去脉，思考言论背后的真相，那么再逼真的谣言也一定会被揭穿。在信息快速、高效传播的今天，网络成为谣言传播的助推器，使谣言像“流行性病毒”一样，通过一个个不明真相的“感染者”扩散至社会各个角落。这些谣言无耻地利用网民的热情和正义感，影响社会稳定，损害国家利益。

自2007年开始，对于全国各地拟建的PX项目，多地民众都选择坚决抵制，被谣言所惑是重要原因之一。其实，PX是一种重要的基础化工原料，可以制造颜料、油漆的稀释剂和工业溶剂，更重要的是可以用来制造聚酯材料。PX最大的危险在于易燃，而这种危险性低于天然气和液化石油气，同时，PX属于低毒类物质，通常情况下不会对人体有影响。百度百科的“PX”词条多次被人恶意篡改，将PX定性为“剧毒”。为了阻止妖言惑众，清华大学化工系的学生站在客观公正的立场捍卫真理、阐明真相，用丰富的专业知识、大量的科学依据进行论证说明，还原科学真相，从而攻破谣言。这对于化解社会冲突，引导人们达成共识有着非同寻常的意义。

面对谣言，我们都应该做一个“智者”，看清谣言的真相。但提高全社会的科学文化水平需要较长的时间，因此，面对谣言，政府部门要及时主动公开信息，商业机构要承担起社会责任，执法部门对散布谣言者要保持高压打击态势……只有这样有效的管理手段多一些，谣言出现的可能性就少一些。

07 雷锋精神在当代

1963年3月5日，《人民日报》刊登了毛主席“向雷锋同志学习”的题词，从此，雷锋精神便成为一种时代感召，深深地镌刻在中国人的心中。每年的3月5日是“学雷锋日”，每年3月是“雷锋活动月”。雷锋精神的核心是全心全意为人民服务。随着社会文明的发展，雷锋精神被赋予了更多内涵，比如热爱祖国、助人为乐、勤俭节约、无私奉献、热爱劳动，等等。

在推行社会主义市场经济的今天，当个人利益最大化成为许多人价值追求的

苛求君子，宽纵小人，自以为明察秋毫，而实则反助小人张目。

——鲁　迅

时候，雷锋精神还能为人们所接受吗？或者说，在当今时代背景下再谈学雷锋，还有意义吗？

其实，只要你静下心来，环顾我们身边，还是有许许多多弘扬雷锋精神的人，比如资助180多名贫困生的好人郭明义、徒手接住从10楼坠落的两岁女童的“最美妈妈”吴菊萍……他们做这些善事，或许只是出于内心的善的本能，但他们这种弥足珍贵的助人为乐的淳朴思想，与无私奉献的雷锋精神殊途同归。虽然从功利的角度看，郭明义、吴菊萍做的这些事，是有些“傻”，但任何助人为乐的人，都能体会到一种发自内心的快乐，进而使自身的精神境界得到升华。

雷锋，就是一个人人可触可感的精神标杆。他并不因时代的久远而显得面目模糊，相反，正是雷锋那些看似平凡的一件件善举，令我们感到这个偶像平凡而真实。因此，在当代，我们仍然需要雷锋精神，其所折射出的是一颗敢于担当、服务社会、追求美好的责任之心。

08 铭记“九一八事变”

1931年9月18日晚上，日本铁道“守备队”炸毁沈阳柳条湖附近的铁路，并栽赃嫁祸给中国军队。日军以此为借口，炮轰沈阳北大营，史称“九一八事变”。1932年2月，东北全境沦陷。此后，日本在中国东北建立了伪满洲国傀儡政权，开始了对东北人民长达14年之久的奴役和殖民统治。

我们要铭记“九一八”，并不是因为这件事对国人造成的战争伤害最大，也不是要仇视日本，而是要谨记曾经的耻辱，谨记那个数千万国人用鲜血和生命换来的道理——落后就要挨打。

然而，国内现在似乎出现了另一种势头，那就是在中日之间发生某些分歧的时候，一些国人打起了“勿忘国耻，铭记‘九一八’”的旗号，对日本的举动表示抗议。对此，我想用电影《老炮儿》里的一句台词来表达我的看法，那就是“一码归一码”。我们要铭记“九一八”，那是对自己祖国惨痛经历的反思，用以激励我们更努力地建设国家，是一种前车之鉴，而不是激起我们对日本憎恨的手段。将国耻转化为仇恨，是一种偏激的、畸形的、盲目的爱国主义，是不可取的。

当然，铭记“九一八”，这其中也包含着我们对先辈的悼念与缅怀。我们应该化悲痛为力量，让英魂得以安息瞑目。而这，才是铭记“九一八”的真正意义。

09 空巢老人

空巢老人，是指子女由于工作、学习、结婚等原因而离家，独自生活的中老年人。随着社会老龄化程度的逐渐加深，我国平均每年新增696万老年人口，空巢老人越来越多，已经成为一个不容忽视的社会问题。近几年来，空巢老人去世多日才被发现的事件时有发生，在刺痛人心的同时，也将空巢老人问题呈现在人们面前。要解决这一问题，我觉得需要从两个方面入手。

第一，政府部门应当尽职尽责。目前，我国养老服务机构的床位相对于全国老龄人口来说无异于杯水车薪，“一床难求”是很多养老机构存在的普遍现象。对于政府来讲，除了多修建养老机构外，还需建立健全老年人救助体系，为空巢老人提供生活照料、心理抚慰、应急救助、健康保健、法律援助等服务。如北京市为城区范围内80岁以上老人及有特殊需求的家庭安装求救求助呼叫器，只要老人出现身体不适等紧急情况，按下红色求救键，可第一时间获得援助。该系统还可以通知老人的家属，一定程度上免去了子女的后顾之忧。

第二，作为子女我们要尽到赡养老人的义务。很多独生子女由于出国留学、异地工作等原因，在赡养老人方面存在一些问题。作为子女，除了多陪父母，常回家看看外，还要定期给老人生活费，为父母买好生活必需品和必要的保险。一些老人由于长期独居，不可避免地存在一些心理问题，子女可以教父母学会上网，或是陪父母外出旅游等，让他们老有所乐。

空巢老人是一个独特的老年群体，政府、子女应及时为他们排忧解难，才能使他们拥有幸福健康的晚年。

尽可能少犯错误，这是人的准则，不犯错误，那是天使的梦想。

——雨 果

10 把权力关进制度的笼子

权力是一种能力，一种资格，表现为影响力和支配力；制度是一种准则，一种规程，表现为指导性和制约性。孟德斯鸠说："一切有权力的人都容易滥用权力，权力不受约束必然产生腐败。"唯有用制度监督、规范、约束、制衡权力，才能保证权力不被滥用，保障权力发挥其应有的力量。

把权力关进制度的笼子里，是对权力与制度关系的形象概括，也是回归权力本质的必然要求。这意味着中央要对"一把手说了算""一言堂"以及权力寻租空间进行制度性制衡。"绝对的权力导致绝对的腐败"，任何不受制约的权力都可能被引入利益的泥潭。翻看每一起腐败案件，我们都能够发现权力不受约束所带来的危害。

要让官员"不敢腐"，就要让他们知道"伸手必被捉"。只有当权力受到监督与制约，才能按照规范的轨道运行。

把权力关进制度的笼子里，既是束缚，也是保护。"关"不是要让权力在笼子里"睡大觉"，而是要让权力恰如其分地发挥作用。只有秉公用权，才能赢得人心，使权力真正取之于民、用之于民。让掌权之人不专权、不越权、不谋私，不沦为"苍蝇"和"老虎"，这才是实现廉洁政风的根本，也是取信于民的关键。

11 社会主义核心价值观

党的十八大报告指出："倡导富强、民主、文明、和谐，倡导自由、平等、公正、法治，倡导爱国、敬业、诚信、友善，积极培育和践行社会主义核心价值观。"这一论述明确了社会主义核心价值观的基本理念和具体内容，是对社会主义核心价值体系建设的新部署、新要求。

社会主义核心价值观不是空中楼阁，它的真正土壤就在于人民群众真实鲜活的日常工作和生活中，就在于人民群众为梦想而拼搏、为生活而努力的奋斗中。作

我们的语言，不妨直爽，但不可粗暴骄傲；有时也应当说几句婉转的话，但切忌虚伪轻浮与油滑。

——培　根

为价值理念和行为规范，社会主义核心价值观的24个字，要像种子一样播种在中华大地上，更要融汇在人民群众的现实生活里、体现在人民群众的一言一行中。

社会主义核心价值观不是“高端大气上档次”的奢侈品，而是最体现民意、最接地气的。对于我们普通人而言，理论化的社会主义核心价值观，似乎是抽象的。但实际上，社会主义核心价值观的魅力与亲和力，就在凡人小事上。实现社会主义核心价值观大众化，最佳的桥梁和纽带就是人民群众中涌现出来的道德模范、时代楷模等典型人物。平民英雄可敬，凡人善举可学，正是这些生活中的好人善人，用自己的义举默默践行着社会主义核心价值观，用自己的言行生动诠释着社会主义核心价值观的真谛和要义。他们在用自己的实际行动树起一座座价值丰碑的同时，也让社会主义核心价值观走进群众的内心深处，让群众切身感受和认同社会主义核心价值观，并将其升华为一种踏实、坚定的价值追求，从中获取前行的力量。

12 书香社会

“书香社会”是近几年的热点话题，就拿我所在的中学来说，学校近几年在4月23日——“世界读书日”前后会举办很多与读书相关的活动，让我们中学生有机会阅读经典作品，体验与分享读书带给我们的快乐。

值得注意的是，虽然我们国家国民阅读率及阅读量在逐年上升，但人均购书量和阅读量同一些发达国家相比，还有很大差距。我觉得，要推动全民阅读、共建书香社会，需要加强这几个方面的工作。

首先，人们要提升阅读质量，多读经典著作。虽然我国每年人均阅读量都在上升，但阅读的书籍质量参差不齐。经典著作是人类智慧的积淀，阅读经典是提升阅读质量的捷径。“杂书万卷，不如经典一篇”，如《红楼梦》《平凡的世界》《白鹿原》《围城》这些经受住岁月淘洗和时间考验的作品才能算是好作品。只有多读这样的好作品，我们才能提高阅读质量。

拒绝别人一定要委婉，因为没有人喜欢被拒绝；被别人拒绝一定要大度，因为拒绝你的人总有他的理由。

——汪国真

其次，媒体要多开办一些与读书有关的好节目。如中央电视台《中国诗词大会》《朗读者》，河北卫视《中华好诗词》，腾讯视频节目《一本好书》，自媒体节目《樊登读书会》等让我们在欣赏节目的同时了解到不少好书，学到了很多知识。我们期待这样的节目越来越多，在国内掀起一股读书热潮。

最后，我们要提高“碎片化”阅读的质量。近几年，通过网络阅读特别是微信阅读的人越来越多，但这些文章大多内容空洞、广告太多，严重影响阅读质量。所以，“碎片化”阅读时我们要有所选择，多读精美、内涵丰富的短篇，这样才能够收获更多。

当然，无论什么样的措施，都需要我们每一个人通过实际行动，让阅读成为一种习惯，让生活处处弥漫书香。

13 以人为本

在我国古代，最早明确提出“以人为本”的是春秋时期齐国名相管仲。他说：“夫霸王之所始也，以人为本。本理则国固，本乱则国危。”意为霸王的事业之所以有良好的开端，是因为以人民为根本。这个“本”理顺了，国家才得以巩固；这个“本”搞乱了，国家势必危亡。管仲所说的以人为本，就是以人民为本。

以人为本，不仅主张人是发展的根本目的，回答了为什么发展、发展“为了谁”的问题；而且主张人是发展的根本动力，回答了怎样发展、发展“依靠谁”的问题。“为了谁”和“依靠谁”是分不开的。人是发展的根本目的，也是发展的根本动力，一切为了人，一切依靠人，二者的统一构成以人为本的完整内容。

我们党的宗旨是全心全意为人民服务，一切从人民的利益出发，任何时候、任何情况下，都要坚持把最广大人民的根本利益放在首位。只有时时处处坚持人民的利益高于一切，想问题、办事情才能出以公心，坚持立党为公、执政为民，才能真正贯彻群众路线，推动物质文明、政治文明、精神文明、社会文明和生态文明共同发展。

谦和的态度，常会使别人难以拒绝你的要求。这也是一个人无往不利的要诀。

——松下幸之助

坚持以人为本，就是要以实现人的全面发展为目标，从人民群众的根本利益出发谋发展、促发展，不断满足人民群众日益增长的美好生活需要，切实保障人民群众的经济、政治和文化权益，让发展的成果惠及全体人民。

14 关爱留守儿童

随着我国城市化进程的加快，越来越多的农民父母外出打工，导致留守儿童数量激增。这些留守儿童由于亲情缺失，心理健康方面存在隐患，有的内心封闭、情感冷漠、自卑懦弱、行为孤僻、缺乏爱心，还有的脾气暴躁、冲动易怒，常常将无端小事升级为打架斗殴，甚至有吸烟、酗酒等陋习。虽然也有一部分留守儿童坚强乐观、自信懂事，但留守儿童的犯罪率逐年上升已经是不争的事实。所以，关爱留守儿童，已经迫在眉睫。

不过，令人欣喜的是，许多爱心人士和公益组织已经对留守儿童展开了援助，比如“星星点灯计划”等。各个省市纷纷出台针对留守儿童的政策，越来越多的影视工作者也将目光放在他们身上，拍摄了许多以关爱留守儿童为主题的电影电视作品。

但是，仅仅依靠这些还不够。我们还要从以下几方面关爱留守儿童：首先，各地政府和教育部门应根据本地实际情况，合理调整学校布局，注重寄宿制学校建设，尽量让留守儿童住在学校。其次，政府应积极调整人口管理制度，将解决留守儿童问题与城市务工人员子女入学问题有机地结合起来，从根本上解决留守儿童问题。再次，各级政府和教育部门应该采取一定的扶持措施，帮助贫困家庭合理分担留守儿童的教育成本，取消所谓的借读费和择校费。最后，希望留守儿童的父母能够腾出更多的时间来陪伴孩子们。

几十年的经验使我懂得，多想到别人，少想到自己，便可以少犯错误。

——巴 金

15 正能量

“正能量”本是一个物理学名词，现在用来指一种健康乐观、积极向上的状态和情感。当下，大众为所有积极的、健康的、催人奋进的人和事，都贴上了“正能量”的标签。“正能量”已经成为一个充满象征意义的符号，与我们的情感密切相连，表达着我们的渴望与期待。

由国家语言资源监测与研究中心、商务印书馆等主办的“汉语盘点2013”揭晓，“正能量”成为2013年国内年度词。由此可见，国人对于这个词语还是非常认可的。的确，“正能量”诞生在这个竞争压力越来越大的年代是非常应景的。当今时代，多元化的生活带给我们这些拼搏中的年轻人更多的选择，但与此同时，我们面临的压力越来越大，挑战越来越多。迷茫、挫折、痛苦、烦恼……这些负面情绪严重影响着我们的身心健康，越来越多的年轻人患上了心理疾病，这是一件很可怕的事情。因为如果身体出现问题，可以通过药物、手术等方式来进行治疗。而心理出现问题，就需要一种能够振奋人心的力量，也就是“正能量”来疏导这些负面情绪。

传播“正能量”的途径有很多，比如书刊、音乐、影视作品、演讲等。一段“正能量”的音乐、一段“正能量”的视频、一段“正能量”的讲话，都能让人瞬间心情振奋起来。

所以，不论在任何时候，我们都要多弘扬一些“正能量”，积极向上地面对生活。

16 提高个人素质

素质从狭义上讲，指的是人的先天生理特点，主要是指感觉器官和神经系统方面的特征，这种素质是人心理发展的生理条件，可在社会实践中进一步发育成熟；从广义上讲，素质包括人的性格、兴趣、气质与风度等。

一只脚踩扁了紫罗兰，它却把香味留在那脚跟上，这就是宽容。

——安德鲁·马修斯

“百日积累，一日偶得。”素质的提升来自日积月累的修炼，这也是一个人的价值观、世界观不断完善的过程。提高个人素质，我们可以从身边的小事做起，比如不随地吐痰、不乱扔废弃物；在公共场合不大声喧哗；不说脏话；注意个人卫生、衣装整洁等。要提升自己的素质修养，还要不断学习，包括向社会学习，向书本学习，向别人学习，向自己学习。

古人云：“吾日三省吾身：为人谋而不忠乎？与朋友交而不信乎？传不习乎？”意思是我每天反省三件事：为别人做事是否尽心？与朋友交往是否有不讲信用的地方？老师传授的知识是否温习过？古人这样强调自省修身，是提高道德素质的好办法。

优秀是一种习惯。我们在提升道德素质时要注意养成一些优良的行为习惯，因为只有养成习惯，才能最终落实到举手投足的行动之中。正如心理学家威廉斯所说：“播下一个行为，收获一种习惯；播下一种习惯，收获一种性格；播下一种性格，收获一种人生。”

17 反腐无禁区

“廉政”这个词最早出现在《晏子春秋·问下四》中。“廉政而长久，其行何也？”廉政指的是政治上廉洁清明，其反义词是腐败。反腐倡廉是廉政建设的基本内容，要廉政就必须反腐，只有反腐才能廉政，古今中外概莫能外。

第一，廉洁奉公，自觉抵制诱惑是为官之道。公孙仪是鲁国丞相，平生喜欢吃鱼。每次人们都抢着买鱼送给他，公孙仪一概拒收。有人问他：“您这么喜欢吃鱼，为什么不收下？”他回答说：“我正因为爱吃鱼才不收鱼。我要是收了别人的鱼，就要迁就别人；迁就别人，就会徇情枉法；徇情枉法，我就当不成丞相。到那时，虽然我喜欢吃鱼，别人也不会给我送鱼，我也无力自己买鱼来吃。现在我不收人家的鱼，不会被罢免，就能够长久地自己买鱼来吃。”公孙仪拒绝物质的诱惑，是反腐败的典范，对现代人也是一种启示。

自负对任何艺术都是一种毁灭。

——季米特洛夫

第二，党和政府应坚持打击腐败的力度，做到有腐必反，反腐无禁区。党的十八大以来，中央坚持“老虎”“苍蝇”一起打，着力构建不敢腐、不能腐、不想腐的体制机制，取得了令人瞩目的成绩，得到了人民群众的普遍拥护。

反腐无禁区，这是一场输不起的斗争。官员应通过反腐败学习加强自身党性修养，提高自身综合素质，更好地投身于为人民服务的事业中。

18 理性消费

理性消费是指消费者在消费能力允许的条件下，按照追求效用最大化原则进行的消费。在生活条件越来越好的今天，人们的消费水平越来越高，但讲排场、比阔气的铺张浪费现象也时有发生，严重影响了社会风气。

一些人觉得“礼品要贵重，饭菜要丰盛，汽车要豪华，场面要隆重”。这种以“炫富”为特点的消费实际上是一种非理性消费，一方面会给家庭带来沉重的经济负担，另一方面会导致铺张浪费。

比尔·盖茨曾经是蝉联多年的世界首富。然而，让人意想不到的是，他并没有自己的私人司机，公务出差也不坐头等舱。对于自己的衣着，比尔·盖茨从不看重品牌或是价钱，只要穿起来舒服就行。一次，他应邀参加由世界32位顶级企业家举办的“夏日派对”，他穿的套装的价格还不够明星们洗一次衣服。他与妻子都十分疼爱孩子，但是从不会溺爱孩子。比尔·盖茨认为养尊处优的孩子终将一事无成。所以他只留了一小部分钱给子女，而花费数亿美元建立慈善基金会，帮助世界上更多贫穷的人。

理性消费既是一种生活态度，也是一种价值取向。我们要把握适度消费原则，继承节俭美德，把消费控制在合理、恰当的范围内，理性地提升生活品质。

19 如何看待国学热

关于国学的讨论，近年来越来越受到社会的关注。作为传统文化载体，国学在数千年的发展中，传承着中华民族优秀的思想和文化。

“国学热”的兴起，至少可以说明两点：第一，广大群众对学习了解中国传统文化有着巨大的热情和迫切的需求。第二，中国传统文化，特别是经典著作，具有超越时空的巨大价值和永恒的生命力。它们在各个时代都具有强大的感召力，我们可以因势利导，鼓励大家学习热爱中国传统文化，从而增强民族自信心和自豪感。

国学是中国传统文化的经典，是几千年积淀下来的宝贵文化遗产，每一位华夏儿女都应该从小学习，终身研读不止。然而，当前的“国学热”却存在一些炒作成分，有些人甚至把国学当作追逐经济利益的跳板。事实上，在新时代，要想真正振兴国学，就应该夯实基础。小学、中学都应该重视国学教学，让年轻一代学习国学知识，熟知国学文化思想经典。“国学热”不应该仅仅成为一种“现象”，而更应该化为切实有效的行动。国学不应该仅仅成为文化学者的研究课题，也应该在年轻人中间得到普及。只有当年轻一代认同并热爱国学，能自觉从中汲取文化养分以丰富自己的知识，国学才算是真正“热”起来了。

20 老龄化社会

爱尔兰诗人叶芝的著名诗歌《当你老了》为大家所熟知，诗中描绘了一个温暖场景：当我们年老时，在暖暖的炉火边追忆往昔，有伤感，但更多的是美好。可如果将这一个场景放大到整个社会中，却不免让人感觉有些不安。

老龄化社会是指老年人口数在总人口数中达到或超过一定的比例的人口结构模型。按照联合国的最新标准，65岁老年人口数占总人口数的7%，则该地区视为进入老龄化社会。中国目前正在进入老龄化社会，现有人口中，超过65岁的有超过1.37亿人，占总人口数的10%左右。按照这个标准看，中国已经进入老龄化社会，并且处于老龄化人口加速上升的阶段。

“老吾老以及人之老”，我们可以为老龄化社会做些什么呢？首先，我们要敬老尊老，多陪陪家里的老人，在公交车、地铁上遇到老人要主动让座，见到老人有困难要主动去帮助他们，让他们感受到社会的温暖。其次，要转变就业观念。每年高考填报志愿，“养老服务”专业都是冷门专业，可能很多人都觉得这个专业没有前途。其实，养老服务行业不仅收入高而且就业容易，前景广阔。最后，我们要帮助老人与现代社会接轨，教他们使用各类通信工具，培养他们的兴趣爱好，使他们老有所乐、老有所为。

老年人是社会宝贵的财富，他们有扎实的知识功底、丰富的实践经验。充分利用老年人才资源，不仅可以为社会作出贡献，还能促使社会更加和谐。

21 重视母语学习

近年来，随着我国经济的发展和对外交流的增加，英语的语言地位不断提高，几乎成了升学、就业的一个必备通行证。由此，一大批双语幼儿园、双语中小学成立。但据多年实践证明，国人的外语能力与付出的巨大代价并不成正比，因为在勤学英语的同时，国人的母语表达能力却整体下滑。

本民族语言是安身立命之本，人们学有余力可以再多学一门外语，但是如果时间精力有限，中文没学好，却热衷于外国语学习的话，那就不正常了。

在统计各国诺贝尔奖获奖人数的时候，有人发现一条规律：获诺贝尔奖人数最多的几个国家，都毫无例外地把母语和本民族文化放在第一位。所以说，影响一个国家高科技人才培养的因素很多，其中之一就是对自己母语和文化的态度。

2013年，《中国汉字听写大会》的播出获得社会广泛关注，引发了国人对汉字、汉语教育的思考。对于现在“提笔忘字”的现象，南京师范大学郦波教授表示：“汉语是中华文化之根，不常写字，母语文化情感就会淡，很多民族的消亡就是文字的消亡。一个民族最危险的时候，一种是外族入侵的时候，另外一种就是语言被肢解的时候。文化危机才是真正的危机。”

我相信，每一个有坏处的人，都有他值得同情和原谅的地方。因为一个人的过错，常常并不是由他一个人造成的。

——罗　兰

母语是一个人最初学会的语言，母语是民族文化的根基，是民族身份的标志。中华民族的母语是汉语，因此，学好我们的母语——汉语，对培养人们的民族情操，增强民族凝聚力有着重大意义。

22 “蚁族”

“蚁族”，是对大城市中庞大的大学毕业生聚居群体的典型概括。大学毕业生们因为刚工作，没有钱买房或在市区租房，便聚居在城乡接合部或近郊的农村。因为他们高智商、弱小、群居的特点和蚂蚁非常相似，所以被称为“蚁族”。齐越朗诵艺术节上有一个获奖朗诵作品《蚁族》，讲的就是一个年轻人在北京打拼的故事。

在一部记录“蚁族”生活的纪录片中，我看到这样一个故事：一名毕业于国内知名大学的毕业生，孤身一人怀揣着梦想来到北京，成为北京这座大都市的一名新“蚁族”，与其他5人共住在只有20平方米的房间。他每天辗转于各种招聘会，也投递出去几十份求职简历，但一直都没有结果，最后在老乡的帮助下才找到一份推销员的工作。他每天早上6点左右就要起床，搭乘拥挤的公交地铁，花一个多小时才能到上班的地方。因为没有钱，他每天的生活极其简单，拖着疲惫的身体回到住处时已经晚上8点多了。这名学生不仅生活条件差，还缺乏社会保障，每天都生活在焦虑之中，给家人打电话时却强装欢笑，不想让家人担心。每天枯燥的生活让原本踌躇满志的他看不到希望，不得不在艰苦的环境中努力奋斗，最终在3年后和朋友一起创业逐渐走出困境，从“蚁族”成为“白领”。回想起艰苦的“蚁族”生活，他都不知道该用怎样的词语来形容。

“蚁族”就这样住在狭小拥挤的群租房，怀揣梦想，一步步不畏艰难地向前迈进，向生活发起挑战。

灵感不过是“顽强地劳动而获得的奖赏”。

——列　宾

23 大数据时代

数据将人与人、人与世界连接起来，构成一张繁密的网络，每个人都在影响世界，又在被他人影响着。在生活中，很多人都有这样的经历：在一个购物网站上搜索某个商品，之后再上网时就能看到网页上面显示着各种类似的商品推荐；当我们开车用导航系统导航时，系统会自动推荐避免拥堵的路线。其实这些都是网络大数据根据人们的搜索信息或数据统计进行的智能推荐，是大数据影响人们生活最为直观的体现。在大数据时代，我觉得最重要的是保护我们个人的隐私。

在生活中，我们经常被一些推销、诈骗广告骚扰，你是否会疑惑，这些人是如何获取我们的个人信息的？当然，你也可能已经习以为常，不觉得有什么奇怪或者不妥的地方，因为我们一直就是这么赤裸裸地暴露在大数据时代，没有遮掩，没有秘密。但是，我们的个人隐私一旦失去保护，不仅日常生活会被扰乱，甚至可能面临财产损失与人身伤害。数据的泛滥让我们成为“透明人”。试想，一个陌生电话打来，对方对你的喜好、近况甚至财产都了如指掌，是不是会让你不寒而栗？

在大数据时代，保护网民的隐私安全应是法律关切的重点，我国应该完善个人网络信息安全相关法律制度，加大执法力度。涉及大数据的运营商也应尽力维护用户隐私安全。比如有快递公司推出“隐私面单”服务，上面涉及客户信息的内容被隐去，快递员用App扫码就能联系收件人，方便安全。在网购成为家常便饭的今天，在数据挖掘无孔不入的当下，这种保护个人隐私的行为对每个社会成员都必不可少。当然，面对“防不胜防”的个人信息泄露，最重要的是我们个人树立起自我保护观念，在大数据时代更好地保护自己。

24 老人跌倒该不该扶?

老人跌倒该不该扶？这本来是一个不需要思考的问题。但近几年，新闻媒体不断曝光一些人好心扶起跌倒老人后反被敲诈勒索的新闻，使得这个问题变得复

我们不要过分陶醉于自然界的胜利。对于每一次胜利，自然界都报复了我们。

——恩格斯

杂起来，进而让一些人在街上遇见老人都“唯避之而不及”，甚至出现老人跌倒长达十几分钟都没人敢扶的现象。

我觉得要解决这个问题，应该从三个方面入手。第一，要健全居民特别是老年人基本医疗、养老保障体系，解决老年人的后顾之忧。很多老年人之所以要讹诈好心人，很大的原因在于难以承受高额的医疗费用。一次摔倒会给家庭造成很大的经济压力，万般无奈之下才不得已去诬陷好心人。第二，执法部门应该将恶意敲诈勒索的老人绳之以法。很多“扶人反被讹”的事情出现后，即便最后被证实为爱心行为，但栽赃陷害好心人的老人仅仅道歉了事，没有受到任何处罚。一些老人的行为实际上已经构成敲诈勒索罪，法律应该严肃处理，让恶意栽赃的老人及家人有所畏惧，依法保护好心人的合法权利。第三，现在通信工具如此便捷，看到有老人摔倒上前扶起时，可以利用手机让行人帮助录像取证，当出现纠纷时，便可通过视频资料说明事实。虽然这样的做法有些无奈，但却能在帮助老人的同时保护自己。

当然，除了以上措施以外，最重要的也是最根本的是我们每一个人都应该弘扬乐于助人的精神。无论是年轻人，还是老年人，少一点现实的顾虑和羁绊，多一点道德的自律与自省，哪有老人摔倒不扶的道理?

25 明星参政议政

政治协商会议的主要目的是政治协商和民主监督，只要有爱国之心，有报国之志，愿意参政议政，符合条件，就可以参加。娱乐明星也好，官商巨贾也好，贩夫走卒也好，参会目的都只有一个，那就是为国家长远发展、民族伟大复兴建言献策。

有不少明星政协委员成功履行了自己的职责，发挥了政协委员应该发挥的作用。这是值得社会舆论肯定的。明星的特殊号召力、感染力、影响力，对提案的落实有良好的推动作用。

每年全国两会，当媒体蜂拥追逐两会上的明星政协委员时，社会对于两会上的明星也争议不断。明星政协委员能否很好地履行职责，一直是公众关心的话题。公众的担忧的确有一定道理，明星们平时演出、拍戏时间都很紧张，如果再加上为国家谋发展大计，肯定分身乏术，那么“政协委员”就仅仅成为一顶帽子了。

对于这些争议，我认为，明星可以成为政协委员，但参政议政不是演戏。参政议政是一件具有政治严肃性的事情，参政议政需要花费大量时间进行调研，需要根据调研写提案，需要根据合法程序参加政协会议。明星政协成为政协委员，应该切实履行自己的职责，放下架子，用心谋事，拿出真本事，发挥高水平，为国之长远大计“谱好曲”“作好词”“演好剧”。只有这样，明星政协委员才能真正赢得公众支持，使群众信服，最终不辜负“政协委员”这四个字的神圣使命。

26 共享单车

在大街小巷，我们随处可见各种颜色的共享单车。这些只要扫一扫二维码就可以骑走的单车，解决了市民出行“最后一公里”的问题，赢得了不少市民的喜爱。然而新事物的超常规发展，往往会暴露其基础的薄弱。随着单车数量的增加，各种问题也日益突出。

首先，是人为的占有和破坏问题。共享单车虽然数量多，但损坏率也高，被卸掉零件、涂抹二维码、上私锁、搬回家、改装等十分常见。其次，共享单车自身存在一些缺陷。比如，点“开始用车”后，如果没点击“结束行程”，他人可直接骑车，而第一个人仍处于计费中；密码可以被破解，未成年人骑车可能引发安全问题。2017年3月，上海一个11岁男孩在使用共享单车时与客车相撞，被卷入车底身亡。这个男孩就是在路边寻找到一辆密码锁可直接按开的共享单车上路骑行，才引发了悲剧。最后，共享单车缺乏统一的管理。使用中的无序、混乱，已经成为这一新生事物当下最大的痛点。

“永远不要考验人性，因为你总会失望。”共享单车在某种程度上就是在考验人性，把管理成本建立在人们的道德基础上，自然有人经不起考验。所以，不能依靠素质约束人。不管是政府部门，还是共享单车运营方都要主动作为，及早出台管理办法，规范管理。

当然，任何新兴事物都不可能是完美的，其实很多时候，大家都是在摸着石头过河，在进行的过程中寻找解决的方法。只有大家都秉持“人人为我，我为人人”的理念，共享单车才能体现共享文明。

27 我与节能减排

还记得在高中课本当中有这样一幅插图：由于环境污染，大量泥沙被冲入长江，使得江水浑浊不堪，连它自己都不知道该称自己为长江还是黄河了。一幅简单的漫画反映出我们生活的现状：人们盲目扩大耕地面积，毁林开荒以及过度开采自然资源，致使大量森林遭到破坏，大气污染严重、雾霾天气增多，气候反常，地表水被污染，污染物排放总量远远高于环境自净能力等，一系列环境问题出现在我们的生活当中。我们总会觉得这样的破坏离自己很远，但其实它们就在你我身边。

改善我们的生存环境迫在眉睫，越来越多的人已经加入节能减排的行列中。只要我们节约一滴水、一度电、一滴油、一块煤、一粒米，拒绝一次性餐具，将垃圾分类处理，减少自驾车出行，多使用公共交通工具，自觉选购节能家电、节水器具和高效照明产品，减少待机能耗，拒绝过度包装等，养成这些好习惯，就做到了节能减排。

虽然个人的力量是微小的，但是当所有的微小力量聚集在一起的时候，就会出现质的变化。所以，伸出你的手吧，从生活中的点点滴滴做起，只有我们大家都行动起来，天空才会更蓝，大地才会更绿。

人生如果错了方向，停止就是进步。

——佚　名

28 高速公路收费

在日常生活中，驱车旅行、出差早已是一种常事。但高速公路的收费问题却一直是一个让人“有话可说”的话题。高速公路不是不能收费，合理的收费老百姓当然能理解，也会支持。而高速公路收费之所以会成为一个社会话题，自然还是因为信息不公开、不透明。高速公路收费时间长、价格高，高速公路公司还抱怨连年亏损，老百姓又怎么会没有意见呢？我们关心的是，费用是哪个机构设定的？依据是什么？成本有多少？开支是否合理？是否真正做到了取之于民，用之于路，造福于民？

例如在深圳，从有人大代表呼吁广深高速降低收费，到收费从72块降到70块，整整花了近十年时间。人大代表近十年的呼吁过程，与这2块钱的降幅，形成了强烈的对比。我们也就不难理解为什么当时代表要给这条高速公路取个绰号叫“费坚强”了。

在我看来，首先，高速公路收费降价还是应该肯定的。因为不管降多少，只要是降，就能给老百姓带来或多或少的实惠，也代表了管理方倾听民众意愿的一种态度。

其次，在肯定之余，我也禁不住想问：第一，降价的过程是不是太长了些？研究过程长达十年，管理部门是否存在不作为？第二，降价2块，会不会太少了一点？降幅的标准又是什么呢？第三，人大代表的建议与建言，是否得到了有关部门的充分重视与及时回应？

这一连串的发问，既反映了问题本身，也代表了百姓的心声。我们希望高速公路回归公益本质，希望政府部门出台相关规范与政策，及时公开账目明细，让高速公路收费置于阳光之下。只有这样积极改革、阳光管理，才能充分回应公众的质疑，也才是真正的依法行政。

岂有胜利可言，坚持就意味着一切。

——里尔克

第五部分

社会生活类

01 换个角度，世界更美

记得小学的时候学过一篇文章，叫《杨桃》，说的是从不同的角度看杨桃，会画出完全不同的图画。故事是一个简单的故事，但是却蕴含着大道理。

生活就像一场大电影，一场没有注明谁是主角的大电影，尝试把不同的人当作主角，你会发现自己会产生很多之前绝不会产生的想法。也许你会发现曾经你很讨厌的一个人，只是因为家庭不幸脾气怪异而已；又或者是一个嘻嘻哈哈的不靠谱的人，只是因为缺乏安全感，所以对大家隐藏自己真实的一面；再或者，你甚至会发现，身边那个你认为完美无缺的人，内心也有阴暗的一面。

人是这样，事情也不例外。著名国画家俞仲林擅长画牡丹。有一次，某人慕名要了一幅他亲手所绘的牡丹，回去以后，高兴地挂在客厅里。此人的一位朋友看到了，大呼不吉利，因为这朵牡丹没有画完全，缺了一部分，而牡丹代表富贵，缺了一角，岂不是“富贵不全”？此人一看也大为吃惊，认为牡丹缺了一边总是不妥，拿回去准备请俞仲林重画一幅。俞仲林听了他的理由，微微一笑，告诉他：“既然牡丹代表富贵，那么缺一边，不就是富贵无边吗？”那人听了他的解释，觉得十分有道理，高高兴兴地捧着画回去了。同一幅画，因为欣赏者的角度不同，便产生了不同的意义。

同样的事情，从不同的角度看待，会有不一样的心情和色彩。所以，我们应该保持一种积极的心态，往好处想，不要看什么都不顺眼，要学会换个角度看问题，这样就会少些烦恼与牢骚，多些欢乐与美满。

你可以说我是跑龙套的，但是你不可以说我是“臭跑龙套”的。

——电影《喜剧之王》

02 我看慈善

一看到“慈善”这两个字，很多人首先会想到一些歌星、影星、企业家等知名人士。每当有灾难发生需要奉献爱心的时候，有些人会特别关注他们到底有没有捐款、捐了多少，还会根据他们捐款的数额列出榜单，以捐款数额论爱心、论英雄，以救灾之名行道德绑架，甚至还出现“逼捐”的闹剧。

其实，爱心的表现形式有很多种，我们不应该以捐款数额来衡量一个人的爱心，只要有爱心、只要是善举都值得我们尊重。记得在2008年四川汶川特大地震发生后，有一幅新闻图片感动了很多人：在一个抗震救灾募捐活动现场，一位残疾人乞丐爬到捐款台前捐出自己乞讨所得的为数不多的现金。从爱心的角度来讲，我觉得他和明星、大企业没什么不同，都应该受到我们相同的尊重。

慈善不是少数人做了很多，而是我们每个人都做了一点点。比如，在平常的生活中，对老弱病残人士过马路时的随手一扶，邻里矛盾纠纷时的随口一劝，看见路边垃圾时的随手一捡，在公交车上看到年迈老人的随身一让等，这些生活中的点滴善举其实也是一种慈善。只有当我们每个人的点滴善举汇聚在一起时，慈善的暖流才会温暖这个世界。

03 人与自然

自然是人类生存之本、发展之基。人类要发展，就必须处理好人与自然的关系，从无节制地向自然索取，转为有度、有序地利用自然，促进人与自然的和谐共生。

工业革命以来，环境问题就一直困扰着人类。人类利用科技的力量，创造了前所未有的物质财富，推动社会进入新的文明时代。然而，自然环境却在不断恶化。当前，环境问题已成为全球问题，人类所面临的环境污染，包括自然环境要素的污染，如水污染、大气污染、土壤污染、海洋污染等，以及非自然环境要素的污染，如噪声污染、电磁污染、光污染、热污染等。

近年来，水污染尤为严重。水是“生命之源”，是人类生存的“血液”。然而，工业废水、垃圾被倒入海洋、江河、湖泊，对水资源造成了严重的污染。水污染一方面使水生生物难以生存甚至灭绝；另一方面使淡水供应不足，以至于全球近12亿人缺少饮用水，每年因为饮用不洁净水致病甚至死亡的人数不胜数。

由于对自然无节制地开发利用，地球上的可再生资源与不可再生资源大都面临着短缺与枯竭的局面。不可再生资源中，煤、石油、天然气等日渐紧缺，而可再生资源中，水、土壤、植被等的数量也在以惊人的数量减少。资源短缺是人类对自然无限制索取的最直接的结果，也是限制人类社会发展的主要“瓶颈”。

习近平总书记说：“绿水青山就是金山银山。”只有正确处理好人与自然的关系，才能真正实现“让居民望得见山，看得见水，记得住乡愁”的美好愿景。

04 光盘行动

“一个很小的问题，乘以13亿，都会变成一个大问题。”中国是世界上人口最多的国家，如果每个人每顿饭都剩下一点粮食，那么加起来就会造成极大的浪费。目前，我国“舌尖上的浪费”非常严重，据统计，我国餐饮食物浪费量每年为1 700万至1 800万吨，相当于3 000万到5 000万人一年的口粮。这还只是国家提倡“光盘行动”、崇尚节俭几年后的统计数据，推及以往可想而知。所以我们国家应该大力提倡“光盘行动”。

很多人每次到餐馆，总会或多或少浪费一些食物。“眼大肚皮小”可能是最主要的原因，所以，在点餐前，我们一定要在心里掂量掂量，我到底能吃多少，适量点餐。每个人的食量都不相同，同样是食堂或者餐馆的米饭，有的人觉得量少吃不饱，有的人却觉得量大吃不完。所以我个人比较提倡主食自取，吃多少盛多少，尽可能地避免浪费。

当然，“光盘行动”不仅需要食客的努力，餐馆也应做一些拒绝浪费食物的温馨提示，或者在客人点餐过多时给客人善意提醒，鼓励剩餐者打包并提供环保餐盒，采用现金抵扣、奖励优惠券的形式鼓励消费者“吃不了兜着走”。

不开心，就算长生不老也没用；开心，就算只能活几天也足够。

——电影《大话西游之月光宝盒》

当然，这些只是我一点不成熟的看法。不过我真心希望，每个人在吃饭的时候，都能多想想“一粥一饭，当思来之不易”这句话的深刻内涵，将“光盘行动”这几个字落实在行动中。

05 变味的压岁钱

每到春节，大人们总是要给孩子们一些零用钱，俗称压岁钱。给压岁钱的习俗源于北宋时期，史书《清嘉录》中“长幼度岁，长者贻小儿以朱绳缀百钱，谓之压岁钱”，记述的就是古代人在春节时给孩子压岁钱的情景。随着时代的发展，春节给孩子们发放压岁钱已经成为我国的春节习俗之一，压岁钱的意义也由起初的给孩童压惊、安慰孩童情绪，转化为一种平安吉祥的美好祝福。

在春节来临的时候，许多孩子都会热切期盼收到压岁钱。但家长若能在给孩子压岁钱的时候，将形式和内容有机结合起来，发挥出压岁钱的内在价值和意义，做到多送祝福、多表期望，岂不更好？对孩子的爱不一定要体现在压岁钱的数额上，这样既可以让孩子学会感恩，也可以让孩子受到激励。

然而在现实中，我们却经常见到这样的现象：不少大人在给孩子压岁钱的时候，过度关注和在乎压岁钱的具体数额，甚至形成了攀比之风。

事实上，过年给压岁钱只是传递人情、沟通情感的一种方式，与贴春联、放鞭炮一样，核心在其文化寓意。不断上涨的压岁钱数额，只会削减它原本的精神内涵。在我国香港地区，大多数市民春节只给小孩10港币压岁钱，因为他们认为，作为传统文化的载体，压岁钱的本意在于祝福。

因此，我们应该鼓励大家传承发扬压岁钱习俗中的精神内涵，让压岁钱回归祝福的本质，让孩子得到真情的滋养和哺育。毕竟，金钱代替不了真情，真情也不是用物质来衡量的。

人之所以爱旅行，不是为了抵达目的地，而是为了享受旅途中的种种乐趣。

——歌　德

06 旅行的意义

旅行是什么？有人跟我说旅行不就是旅游吗？百度百科给出的解释是这样的：旅行，指远行，说的是去外地行走，不同于旅游。我认为旅行和旅游的区别在于，旅行是在远行途中观察沿途风景事物，而旅游是以玩儿为主。

分清楚旅行和旅游，我们再来看看旅行的意义。旅行对我的意义首先是寻找。寻找自己喜欢的，像是早上青青草叶上的一滴晨露，或是傍晚夕阳西下的那抹云霞，甚至是一股清新的空气、一捧甘甜的泉水。现在的人们工作学习太过繁忙，快速的生活节奏让越来越多的人没有时间停下脚步去看身边的风景，更别提寻找自己喜欢的事物了。

旅行对我的意义还有感受，感受当地的人文气息、民俗民风。感受是一个很微妙的词汇，它不单指用眼睛看、用耳朵听，还指视觉、听觉、味觉、触觉等一系列感官感受的大集合，这种综合感受显然更真实、更深入。其实，在电子时代到来之前，人们还是挺注重感受的。早上起床听着鸟叫洗漱，出门坐车听大家对前一天事情的唠叨，到了公司或学校和同事或同学打个招呼再开始工作或学习。现在呢，早上听着手机闹钟起床，放首high点的音乐洗漱，出门坐车刷一下朋友圈看看大家昨天晚上发的动态，到了公司或是学校看看公司群、班级群里同事或同学在聊些什么。所以，如果能适当放下手中的电子产品，来一场旅行，就一定要好好感受，给自己的身体来一场感官盛宴。

简单地说，旅行对我来说就是寻找和感受，使我可以抓住每一个贴近自然的机会。

07 中国式过马路

“凑够一撮人就可以走了，和红绿灯无关。”这是一位网友对“中国式过马路”的调侃，没想到一经网络传播，立刻引发网友对交通安全和国民素质的大讨论。

小时候，看着满天的星斗，当流星飞过的时候，却总是来不及许愿；长大了，遇见了自己真正喜欢的人，却还是来不及。

——电影《停不了的爱》

“中国式的马路”，显示出从众心理在我们生活和工作中的消极影响。而我们迫切需要的，也正是通过规则意识的教育、公德意识的养成、安全意识的强化来改变这种“随大流”的尴尬现实。我觉得，要避免这一现象的发生，还可采取以下措施。

第一，适当延长绿灯通行时间。很多城市道路斑马线行人通过的绿灯时间太短，有些只有短短十几秒，行人还没有通过斑马线，绿灯就变为红灯，行人常会夹在马路中间进退不得。第二，安装倒计时设备。一些斑马线的交通指示灯没有倒计时，很多人不知道绿灯通行时间到底有多长，如果安装倒计时设备，行人和车辆便可提前做好准备，从而提高通行效率。第三，设置过街天桥或地下通道。一些人流量较大的路口如果设置过街天桥或者地下通道，人与车就能互不干扰，畅通无阻了。第四，在一些人流量较大的十字路口，为了行人的安全和减少对向行走冲突，可将行人来与往的斑马线分开画在路面上，大家都靠右道通行，这样就大大减少了穿行中的冲突，并能节省时间，提高通行效率。第五，调整路口设置。一些路段人行道与人行道之间间隔太远，就使得一些人遇到急事时便闯红灯或横穿马路，对此，有关部门要对路口进行适当调整。

我想，如果这些措施能够得到有效实施，“中国式过马路”这种陋习就一定会得到遏制。

08 “年味儿”

“爆竹声中一岁除，春风送暖入屠苏。”在中国传统节日里，最让人重视的就是春节。无论是达官显贵，还是平头百姓，对过年都不敢懈怠。一元复始，万象更新。新年意味着新的开始。人们祈求吉祥、祈求富裕、祈求安康、祈求一切顺心如意。

20世纪八九十年代，在一些农村地区，春节前扫尘，是多年的传统习俗。大人们将扫帚扎在竹竿上做成“长扫”洒扫庭院，处处洋溢着“欢欢喜喜辞旧岁，干干净净迎新春”的气息。人们还要贴对联、剪窗花，有的人家不会写毛笔字，就拿着红纸请村里的先生帮着写春联和“福”字；姑娘、媳妇们则比赛谁的手巧，剪出各

爱，就是永远也用不着说对不起。

——电影《爱情故事》

种“金猪拱门”“娃娃抱鱼”等图案的窗花贴在窗户上。

然而，随着社会的发展，一些传统习俗正在渐渐消失，使得越来越多的人感叹春节的“年味儿”不浓了。为什么物质生活日益丰裕，可人们对春节的感受却发生了如此重大的改变呢？

如今，年货再不用提前抢购了，大大小小的超市、便利店里的商品琳琅满目，网购也很方便，年“三十儿”都不闭门；“扫房”的任务则交给了保洁公司；甚至除夕的年夜饭这个最具“年味儿”的大事也搬到了饭店。难怪人们感慨找不到“年味儿”了。

在中国，春节是必须要过的，而且还要过好。春节是中华优秀传统文化的代表，是维系中国人情感的重要纽带，是确认民族身份、增强民族认同的重要方式。留住“年味儿”，就是留住文化血脉。愿“年味儿”越来越浓，愿阖家安康、国泰民安的祝愿成为我们脑海中永久的温暖记忆。

09 “啃老族”

随着计划生育政策的实施以及人们物质生活条件的不断提升，很多80后、90后习惯于衣来伸手，饭来张口。即使已经毕业，这些人也依然不愿意参加工作，而选择继续向父母要钱生活，成为现在大家所说的“啃老族”。

为什么会有“啃老族”的存在呢？第一是家庭因素的影响。现在有些家庭，不论条件好坏，都觉得自己的孩子不能受委屈，吃橘子给剥好，吃苹果给削好。过分的保护和宠溺让这些孩子生活自理能力很差，并且形成了被照顾是理所应当的心理。

第二是教育因素的影响。应试教育让孩子们从小就模糊了学习知识的本来目的，只顾分数，不顾其他，然而我们学习不就是为了自己以后能独立生存吗？

第三是就业现状不乐观，导致“啃老族”日益增多。由于现在社会所提供的工作岗位不可能满足所有的年轻人，导致很多刚毕业的年轻人被迫待业在家。再加上很多公司都倾向于招聘有工作经验的人，这无疑又减少了刚毕业的年轻人的工作机会。

第四是社会风气的影响。现在很多人攀比心理特别严重，生怕自己背的不是名牌包包会丢人，穿的不是大牌衣服会掉价，导致一股不正之风在社会中暗涌。这种思想也加速了“啃老族”的产生。

10 手机的诱惑

早上起来第一件事情是拿起手机，晚上睡觉前最后一件事情是放下手机，这已经成了很多人真实生活的写照。随着4G网络及Wi-Fi的普及，通信交流空前便利，我们似乎越来越离不开手机，手机已经成为一件生活必需品。一项调查显示，人们每天平均查看手机的次数竟高达110次，有接近5小时的时间在玩手机，手机也在不经意间改变着人们的生活状态及心理状态。

小学时，妈妈说我每天就知道看电视；初中时，妈妈说我每天就知道玩电脑；如今，妈妈又开始说我每天就知道玩手机。对于我们高中生来说，虽然学校明令禁止带手机上学，但还是有一些同学在课堂上会偷偷拿出手机来玩。有同学说，只要一看到手机屏幕亮起，就忍不住查看手机。也许只是收到一条垃圾短信，但拿起手机便放不下来，看到各个应用软件待处理事项的提示数字，便会一个一个去处理，仿佛有一种“日理万机”的感觉，一节课便在不经意间过去了。在生活中，很多人只要有时间就查看手机，甚至在朋友聚会中也低头玩手机，网友形象地调侃道：“一起玩手机，顺便聚一聚。”更有甚者，一边开车一边玩手机，有人还为此付出了生命的代价。

其实，仔细回想一下，我们绝大多数查看手机的行为都是毫无意义的，手机使我们浪费了大量时间、视力受损、打乱了正常的生物钟。现在“互联网+”这个词语很流行，但我觉得面对手机的诱惑，我们更应该做“互联网-”，让手机回归工具的角色，使自己成为手机的主人。

世界上总有一半人不理解另一半人的快乐。

——电影《爱玛》

11 颜色的幻想

不同的季节有不同的颜色基调，也让我有不同的幻想。

春天是绿色的。小草从土中探出脑袋，柳芽儿从树枝上冒了出来，小花儿在草丛中绽开笑脸……草是绿色的，树也是绿色的。在春风中，在阳光下，所有的植物都泛起晶莹的绿色。一切都那么清新、幽静而富有诗意。

夏天是红色的。大树长得更碧绿、更茂密了；小花儿把身子挺得更直了，笑容更灿烂了；蜜蜂更加繁忙了，酿出的蜜更加香甜了……花儿是红色的，太阳是红色的。所有的红色都像燃烧的烈火，世间万物都充满了火热和奔放的情感。

秋天是金色的。金黄的树叶在空中飞舞，好像一只只金蝴蝶。田野里，谷子熟了，稻子熟了，水果也都熟了……谱写着一首首金色的丰收交响曲，一切都那么灿烂和耀眼。

冬天是白色的。美丽的雪花从天空飘落下来，有的像牛毛，有的像松针，还有的像梨花，整个世界顿时穿上了银白色的大衣。小孩子在雪地里打雪仗、堆雪人，他们捧起雪花说："冬天是白色的，太美了。"此时，天是白色的，地是白色的，一切是那样美丽而祥和。

春天，让世界变得富有精神，变得生机勃勃，它就像一个刚出生的娃娃；夏天，让世界变得热火朝天，人们开始劳动耕耘，它就像一个可爱的儿童；秋天，让人们陷入丰收的喜悦之中，它就像一个健壮的青年；冬天，让世界变得更加沉静、更加迷人，它就像一个睿智的老者。

正是有了四季，世界才会生机勃勃；正是有了四季，世界才会美丽如画；正是有了四季，世界才会丰富多彩……

12 器官捐献

器官捐献是指当一个人被诊断脑死亡，只能依靠呼吸机和药物维持生命体征

有些人一辈子都在骗人，而有些人用一辈子去骗一个人。

——电影《开往春天的地铁》

时，基于个人生前的意愿且征得家属的同意，把自己的器官无偿捐赠给濒临死亡、等待移植的病人，或者捐赠给医学院校用于医学教学。

我国是世界上第二大器官移植国，但公民自愿捐献器官率较低。据统计，我国每年大约有150万患者需要器官移植，而器官移植却只有1万例左右。我觉得要解决这个问题，需要从以下方面来努力。

首先，要进行广泛宣传。我国古代社会的一般道德准则是让死者入土为安，现在很多人依然持有此观念。很多人对于捐出自己或亲属的遗体，在感情上很难接受。要改变这种观念，就要通过多种方式进行宣传，让人们更深入地了解器官捐献对那些亟待救助的病患的重要性，把器官捐献当作一种生命的延续。

其次，要健全相关法律法规。虽然我国器官移植技术已达到世界领先水平，但有关器官捐献的法律法规还不完善，这在一定程度上制约了器官移植工作的开展。如西班牙早在1979年就通过了《器官捐献法》，对器官捐献进行了全面规范，使西班牙成为目前世界上器官捐献率最高的国家。

最后，捐献器官分配要公正透明。目前，对捐献器官的使用还存在一定的不公平现象，国家应严格按照医学标准对患者疾病的严重程度进行排位，加强分配体系建设，使捐献过程公开透明，把器官捐献给真正需要的人。

器官捐献如同"蜡烛分火"，相信经过社会各个层面的共同努力，器官捐献在我国必然会越来越为人们所接受。

13 我最喜欢的季节

我最喜欢的季节是冬天。文人们讴歌春，赞美夏，歌颂秋，唯独以为冬天是萧条、冷漠和灰暗的象征。确实，冬天给人以某种荒凉和孤寂的感觉。尤其是当那嘶嚎、怒吼的西北风从浩渺的天际呼啸而至时，大树脱光了衣裳，醉汉似的在半空中前俯后仰，小草也匍匐在地，颤抖着柔弱的身躯，遍地落叶在狂风中翻卷，一望无垠的田野上，只有秸秆和枯草在私语……

不过，“冬天麦盖三层被，来年枕着馒头睡”，“瑞雪兆丰年”。这些千百年流传下来的古老民谚，就是对冬天最好的赞美。大雪过后，庄稼地里的许多害虫会被冻死，土壤水分充足，尤其是大雪给麦苗盖上“三层被子”之后，来年农民就可以大丰收了。

冬天是寒冷的，但也是温暖的。冬天，人们有足够的时间去串门、看书、读报，休养生息，规划来年的一切；冬天，为生计操劳了一年的农民有了歇息的时间，可以在家放松放松；冬天，外出务工的人们也等来了假期，可以结束一年漂泊的生活，和家人团圆相聚；冬天，打雪仗、堆雪人、溜冰等活动丰富了人们尤其是小朋友们的生活。

冬天更让我了解了“岁寒三友”坚强刚毅、不屈不挠的性格，感悟了“不经一番彻骨寒，怎得梅花扑鼻香”的内涵。我爱冬天，我要敞开心扉尽情地拥抱冬天，享受冬天带来的乐趣。

14 乡愁

“乡愁”这两个字对于我们中学生来说似乎很遥远，大家总觉得十六七岁的我们没有资格来谈这个话题。因为我们大多一直生活在一个地方，总觉得熟悉的地方没有风景，可能要等到读大学以后，在陌生的城市里过第一个中秋节、听到熟悉的乡音、吃到故乡的美食，才会产生乡愁。

空中高飞的风筝，飞得再高也离不开牵引它的线。每年过年，和爸爸妈妈回老家，他们一路上都在感慨，现在故乡变化的不仅仅是逐渐城镇化的房屋、道路，还有正在被单元房所隔离开的乡情乡味。马路变宽了，他们却“迷失”了回家的路。听着他们的感慨，我发现大人总是沉浸在儿时的记忆中，似乎觉得故乡一直不变才是最好的。可我觉得时代发展如此迅猛，故乡又怎甘落后？生活在故乡的人们也向往着现代化的生活。这些年，故乡的公共设施、医疗卫生、网络发展等方方面面都在实实在在地进步，大家又何必因为故乡变得和以前不一样而失落感伤？

拥抱真是很奇妙，虽然两颗心靠得很近，却看不见对方的脸。

——电影《妙手仁心》

“望得见山，看得见水，记得住乡愁。”这简单朴实的话语是人们对于故乡最美的期待。要留住乡愁，就应该在发展的同时保护好祖先留给我们的物质与精神财富，留住故乡的历史精华与文化内涵。

15 低碳生活

低碳生活，就是在生活中尽力减少所消耗的能量，降低二氧化碳的排放量，减少对大气的污染。简单地说，就是提倡大家从自己的生活习惯入手，控制或者注意个人的二氧化碳排放量。

其实，社会中有不少人过着“高碳生活”，不自觉地增加着地球的负担。很多人无论室外温度如何，室内都开着空调，办公室里的电脑始终不关，打印纸从来只用一面，出门不是开车就是打的。

据一项“白领，你的名字叫环保杀手”的调查，参与调查的800人中，有619人承认自己有制造噪声、出行不离汽车、过度使用空调、爱使用一次性筷子、工作浪费纸张、点菜不注意分量、洗澡爱用盆浴等不利于环保的行为。

其实，低碳生活并非十分困难，只要改掉一些生活陋习，就能为节能减排作出不小的贡献。据介绍，只要有效地使用自然通风和避免房间过暖，就能减少家庭10%的二氧化碳排放量。

珍惜地球资源，倡导低碳生活。从我做起，从身边的小事做起，从现在做起，少开一天车，少用一度电，节约一滴水。另外，使用节能灯，使用环保袋，自觉提高空调制冷温度，双面打印，不使用一次性餐具等都可以减少碳排放。让我们携手营造人人了解、重视、参与保护环境的良好氛围，努力把节约资源落实在日常生活的每个细节中，让低碳生活成为未来中国的社会风尚。

往往都是事情改变人，人却改变不了事情。

——电影《无间道》

16 最美的风景

最美的风景是什么？人们可能会说，最美的风景就是最远处的那片美景，又或是最罕见的那片风景。可有这样一件事却让我觉得，最美的风景就在身边。那年我参加中考不幸落榜，不愿接受这个事实的我把自己关在屋子里好几天，每天除了吃饭几乎不开门开窗，窗帘也拉得严严实实。也就是从那时候开始，父亲变得一言不发，毕竟我落榜，他们也很失望。

那年夏天特别热，窗外的知了声非常刺耳，我每天坐在床上面无表情，看到窗外时常有一个身影晃来晃去。我才知道父亲每天在门外着急，却不知道怎样才能让我走出阴影。我开始偶尔偷偷拉开窗帘看看外面的情况，爸爸发现后就在我的窗台上放各种漂亮的小野花。这些小野花并不起眼，也没有人给它们浇水、施肥，可是它们依旧开得那样美。这让我心中逐渐有了生机和色彩。看着这些没有玫瑰艳丽、没有百合芳香的小野花，我仿佛明白了父亲的良苦用心，他应该是希望我能像这些顽强的小野花一样，不仅要努力生长，而且要生长得自信漂亮。小野花就这样成了我的窗边风景，看着那些叫不出名的小野花，我突然有了面对失败的勇气，有了让自己变得更好的勇气。

如今两年多过去了，我走过了很多地方，看过了很多让人惊叹的美景。但是说起最美的风景，我最先想到的还是那个夏天，那片窗外的小野花。

17 质朴之美

质朴是指一个人在生活中自然、朴实、淳厚的状态。《朱子家训》中所说的“居身务期质朴”，就是指我们做人修身一定要淳朴简约。在信息化时代，也许人们对哗众取宠、浮躁浅薄已经习以为常。但当铅华洗尽之时，我们会发现：质朴，往往会带给我们简约而不简单之美。

有一位老人，因为一张光脚穿布鞋在中国科学院大学作报告的照片被推到

最了解你的不是你的朋友，而是你的敌人。

——电影《东邪西毒》

聚光灯下，他就是我国著名遥感学家、地理学家、中科院院士李小文教授。“布鞋院士”“扫地僧”的称呼在网络上迅速流传开来。因为那双布鞋，让人们看到了一个如慈祥老爷爷般的教授，看到一个因衣着质朴而被保安挡在学校门外的科学泰斗，看到一个爱酒且性情可爱的老学者，看到一个活跃在科学博客上的“黄老邪”。2015年1月10日，李小文院士因病医治无效在北京逝世，享年68岁。他去世的消息传来时，微博和微信圈里，一片“世间再无扫地僧”的哀叹。前来吊唁的，除了他的亲人、同事和学生，还有曾在网上得到过他指点的网友、合作十几年的从事学术出版的老同志、素未谋面的老乡……胸前带着白花的人群队伍，蜿蜒排了300多米，人们顶着严寒，来送李小文院士最后一程。“名士风流大不拘”，在人们对他的敬与爱中，既有对他本人平和淡定的人生态度的崇敬，也有对那些曾经风行、如今却变得稀有的质朴之美的怀念。

质朴，代表的不是普通，而是返璞归真，直窥本源。李小文院士之所以受人们爱戴，除了他在遥感领域的杰出成就外，还有他那份大道至简的质朴之美。

18 有爱就有明天

我们每个人心中，都有许多爱。而这些爱，犹如冬日里的一缕阳光、沙漠中的一滴甘露，是我们幸福的源泉。因为心中有爱，所以这个世界才如此丰富多彩。

聋哑演员邰丽华因领舞舞蹈《千手观音》而家喻户晓。当有人问她：“你会不会觉得不幸？因为老天没有给你一个健全的身体，让你听不到这个世界。”邰丽华用手回答说：“没有，我感觉残疾不是不幸，只是不便，其实每个人的人生都不一样，有圆、有缺，有如意、有不如意，这是你没有办法选择的，但是你可以选择为人处世的态度，然后带着一颗爱心去面对人生的不圆满，这就是我对生活的感悟。”其实，只要心中有爱，生活就有阳光；打开心扉，幸福就会走进我们的心里。

在迈克尔·杰克逊心中，充满了他对孩子的爱。正是因为自己失去了快乐的童年，他才会对孩子加倍关爱。虽然身为“流行音乐之王”，但他在孩子面前却是无比和蔼可亲。迈克尔·杰克逊为患病的孩子、无助的孤儿建了一座“梦幻庄园”，慈

人生不如意的时候，是上帝给的长假，这时应该好好享受假期。当突然有一天假期结束，时来运转，人生才真正开始了。

——电影《悠长假期》

善捐款高达23亿人民币。正是由于他的乐善好施，迈克尔·杰克逊两次被提名诺贝尔和平奖，并且作为支持慈善机构最多的流行明星而被载入吉尼斯世界纪录。这是为什么？因为他心中有爱。

就像歌里唱的那样："只要人人都献出一点爱，世界将变成美好的人间……"只有我们每个人心中有爱，世界才会变得更美好。心中有爱，世界就有了不灭的明灯；心中有爱，我们就会拥有光辉灿烂的明天。

19 入乡随俗

入乡随俗是指到陌生的地方应遵循当地的风俗习惯，尊重当地文化。

1973年9月，香港地区的肯德基公司突然宣布多间"肯德基家乡鸡快餐店"停业。到1975年2月，首批进入香港地区的"肯德基家乡鸡快餐店"全军覆没。起初，为了在香港地区占有市场，肯德基公司制造了声势浩大的宣传攻势，在新闻媒体上大做广告，采用该公司的世界性宣传口号"好味到舔手指"。凭着广告攻势和新鲜劲儿，"肯德基家乡鸡"红火了一阵子，很多人都乐于一试。一时间，快餐店门庭若市。可惜好景不长，3个月后，这些快餐店就"门前冷落鞍马稀"了。经过认真总结经验教训，公司发现是中国人固有的文化观念导致了肯德基的惨败。

第一，广告词"好味到舔手指"是不容易被中国人接受的。舔手指被视为肮脏的行为，味道再好人们也不会去舔手指。第二，家乡鸡的味道和价格不容易被消费者接受。虽采用当地鸡种，但其喂养方式仍是美国式的。第三，美国式服务难以吸引回头客。在美国，顾客一般是驾车到快餐店，买了食物回家吃。因此，快餐店内通常是不设座的。而中国人则喜欢一起在店内边吃边聊，不设座位的服务方式难留回头客。10年后，肯德基公司调整了营销策略，广告宣传方面低调处理，市场定价符合当地消费水平，目标受众定位于16—39岁之间的人。1986年，肯德基新老分店的总数在香港地区达到716家，成为香港地区快餐业中四大快餐连锁店之一。

由于不同国家、民族的文化习俗有别，人们的思维方式与理解角度往往也有差别，肯德基在香港地区的成功与其"入乡随俗"的策略密切相关。我们在生活

我愿意深深地扎入生活，吮尽生活的骨髓，过得扎实、简单，把一切不属于生活的内容剔除得干净利落，把生活逼到绝处，用最基本的形式，简单，简单，再简单。

——梭　罗

中，在与人交往的时候也要尊重对方的风俗习惯，才能使双方融洽相处。

20 “整容热”

据媒体报道，目前，中国已经成为世界第三大整容国。我认为，爱美之心人皆有之，但人的外貌是天生的，谁也左右不了；人与人初次见面也确实可能“以貌取人”，于是整形美容便应运而生。但爱美不能盲目，媒体屡屡曝光的“整容整形”变“毁容毁形”案例以及整容给人带来的副作用，不得不提醒我们要以一种理性、谨慎的态度对待整容。

第一，对于十六七岁的高中生来说，我们的身体发育还没有彻底完成，骨骼发育还没有真正健全，脸部的皮肤还比较娇嫩，若承受爱美之“刀”，所要付出的代价不小；第二，我们必须理性看待“整容热”，不能盲目跟风，把“改变命运”的希望寄托在整容上；第三，如果自己身体的某个明显部位存在着疤痕或其他严重影响外观的缺陷，选择通过整容来消除影响是无可厚非的；第四，如果已经下定决心要通过整容来改变自己，就一定要找正规的整形美容机构，要确认医院与医生的资质，因为整容有一定的副作用和后遗症。

人的美是多方面的，面貌、心灵、思想缺一不可。我们要客观认识自己，不要被商家的宣传所蛊惑。我们更要通过不间断的知识积累和健身美体来提高自身综合素质，力求健康与美丽并存、外在美与内在美统一，从而展现出属于自己的独特魅力。

21 人人为我，我为人人

“人人为我，我为人人。”这句话的意思是说我们要相互帮助，不要过分以自我利益为中心。如果大家都能分享劳动和思想果实，那我们将会成为一个互惠互利、不可分开的整体。

社会是一个巨大且关系复杂的大家庭，大家在其中扮演着不同的角色，没有人可以说自己不需要任何人的帮助也能生活得很好。每个人都不可避免地会遇到很多问题甚至是不幸，只有大家互帮互助，生活才能更加美好。

我们生活中就有很多这样的例子，从汶川大地震大家纷纷献出自己的爱心到扶老奶奶过马路，都是“人人为我，我为人人”的生动体现。全国道德模范、导游文花枝，在带团旅游的途中不幸遭遇车祸，车内情况惨不忍睹，还不时传出各种救命声、呻吟声。在整个救援过程中，文花枝一直在为游客打气，让大家挺住。当救援人员准备救她时，她摇摇头说：“我是导游，先救游客。”因为错过了最佳抢救时机，这个美丽的年轻姑娘的左腿膝盖下被截肢。但是，她没有哭，依然保持着微笑。在文花枝看来，自己只是做了一件很平凡的事。

俗话说：“赠人玫瑰，手有余香。”我们在帮助别人的同时，也传递了一种互助互爱的精神。路上看到年纪太大行动不方便的老人伸手扶一把，当这样的人越来越多的时候，自己父母年老或自己年老时，可能也会得到这样的帮助，这不就是“人人为我，我为人人”吗？

22 面对乞讨人员

在繁华都市的角落总有一群衣衫褴褛、居无定所、沿街乞讨的人。面对他们，我们应该置之不理，还是善良仁慈地给予帮助？

一位记者在一家快餐店内拍到两名乞讨者快速换装“交接班”的画面，实在让人震惊不已。还有记者拍到一些人白天轮流装病乞讨要钱，晚上却出入高档场所消费的画面。这些所谓的“乞丐”，俨然变成一种表演者，有着固定的工作模式，每月收入甚至比一些白领还要高，被人们形象地称作“门前磕头，门后盖楼”。

这种现象的频频出现，让我们在面对乞讨人员时不免心存疑虑，甚至陷入两难的矛盾选择：给他钱物，怕上当受骗；漠然走过，良心不安。面对这样的情况，我

每个人的一生就好像一部电影，而他们就是那部电影里的主角。有时候他们会以为自己也是别人电影里的主角，但是可能他们只是一个配角，只有一个镜头；更说不定他们的片段早被人剪掉了，自己居然还不知道。

——电影《如果·爱》

觉得应该区别对待。

有的乞讨者年纪轻轻，身体也没有残障，完全可以自力更生。他们之所以不惜抛弃尊严上街乞讨，无非是想是利用人们的同情心不劳而获。如果大家对这些职业乞讨者进行施舍，看似在奉献爱心，实际上是纵容了好吃懒做的行为。如果乞讨者年龄较大或身体有残障，在天寒地冻或酷暑炎热之中仅仅乞讨食物，我们就可以在力所能及的范围之内伸出援手。

当然更重要的是，面对乞讨者，我们不管能不能给予他们帮助，都应该尊重他们。如果不能给予帮助就安静地走开，不能做出伤害乞讨者人格尊严的行为。

23 动物保护

“生态”一词来源于希腊文，即“家”“住所”的意思。由于人类对动物栖息地的破坏等因素，地球上的生物正在以惊人的速度消失。在工业社会以前，鸟类平均每300年灭绝一种，兽类平均每8 000年灭绝一种；但是自工业社会以来，地球物种灭绝的速度已经超出自然灭绝率的1 000倍。全世界1/8的植物、1/4的哺乳动物、1/9的鸟类、1/5的爬行动物、1/4的两栖动物，1/3的鱼类都濒临灭绝。世界上61个热带国家中，已有49个国家失去了近一半的野生环境，森林被砍伐、湿地被排干、草原被翻垦、珊瑚礁遭毁坏……亚洲情况尤为严重。孟加拉国的94%、我国香港地区的97%、斯里兰卡的83%、印度的80%的野生环境已不复存在。俗话说：“树倒猢狲散。”如果森林没有了，许多动物就会无“家”可归。所以保护动物刻不容缓，核心是禁止虐待、残害、猎杀和捕食动物。

近些年，许多虐待动物的行为被曝光，如硫酸泼黑熊、高跟鞋踩猫、摩托车拖狗、用活乌龟做挂坠等。这些行为引起了社会绝大多数人的愤怒。有人指出，虐待动物，其实就是在虐待人类自己。

动物是大自然的无价之宝，也是人类的朋友，它们与我们的生活是密切相关的。动物的大量灭绝将导致生态失衡，人类的生存环境也将遭到破坏。让我们从现在做起，从我做起，保护动物，使世界变得更美好吧！

十四年了，日子过得真快，对中年以后的人来讲，十年八年好像是指缝间的事，可是对年轻人来说，三年五年就可以是一生一世。

——电影《半生缘》

24 子女应该如何理解家长

近年来，有关父母与子女出现矛盾的新闻不断增多，引起了大家的关心与重视。产生这些矛盾的主要原因有两方面：一是受计划生育政策影响，很多家庭只有一个孩子，这就导致有些独生子女认为父母照顾自己是理所应当的，自己不需要感恩，有些孩子甚至稍有不顺心便跟家长生气吵架。二是我们国家的家庭教育模式正在从传统模式向西方模式转变，鼓励民主平等，有的父母能跟孩子做朋友，但大多家庭还是问题不断。

那作为孩子的我们应该如何理解家长呢？第一，要尊重父母。即使与他们产生矛盾也要注意尺度分寸，不要图一时口快说出一些很伤人的言语。第二，要理解父母。我们可能还不太能感受到生活的压力，只觉得现在的学习生活条件还不错，但实际上这是父母在外通过艰苦的打拼才得来的。第三，当爸爸妈妈不同意我们一些想法的时候，不妨多想想，不要觉得是他们过时了，跟我们有代沟。他们毕竟比我们经历得多太多，有时候只是不想让我们吃亏走弯路而已。就算他们真的跟不上这个时代了，也要理解。他们年纪大了，我们对他们要多些耐心，就像小时候他们慢慢地跟着跑不快的我们一样。

总之，作为子女的我们要尽量理解家长，有分歧时不妨尝试换位思考，其实很多时候，我们对同学、朋友都很有耐心，却没有对父母做到。

25 我最尊敬的人

每个人都有自己最尊敬的人，如果问我最尊敬的人，我会毫不犹豫地说是我的高中班主任徐老师。虽然徐老师比不上那些引人注目的偶像明星或知识渊博的知名学者，但是对于我而言，徐老师却是我最尊敬的人。

徐老师是我现在就读的高中班级的班主任兼语文老师，徐老师除了能够在课堂上循循善诱、谈笑风生、引领我们感受语文的独特魅力以外，更能够在繁重

平凡？当你做同一件事，一千次，一万次，不出错，做得那么好，这就不平凡了。

——电影《悭钱家族》

的学习生活之余开阔我们的视野，并以自己的言行教会我们做人的道理。

读课外书是高中学习生活中的一种奢求，但徐老师非但不禁止，还鼓励我们多读，甚至还给我们推荐好书。每个周末的晚自习是徐老师特地留给我们的读书时间，老师在讲台看书，我们在书桌看书。读书，不仅能够让我们在学习之余得到放松，更能让我们懂得与珍惜阅读的乐趣。徐老师每两周会给我们分享、推荐一两本好书。有一次，老师给我们推荐了一本北大陈平原教授的《读书的“风景”》，一些同学有点看不懂这本书，便问徐老师：“老师，您推荐的这本书我们有点看不懂。”徐老师说：“是啊，正因为你们有点看不懂，我才推荐给你们，如果一本书你们能全部看懂，那这本书也就没有必要再读了。”徐老师简短的话语使我们豁然开朗，也懂得了老师对我们的良苦用心。

除去徐老师推荐的书，他的为人处世方式也是一本我们读不完的“书”。这学期，我们班一位同学因为“早恋”导致学习成绩大幅度下降。徐老师得知此事后，没有单独劝诫这位同学分手，而是在班会上给我们讲述了几个学生在适当的年龄做适当的事情的故事，让这位同学幡然醒悟，重新把精力投入学习中。

也许在以后的日子里，我还会遇到很多值得尊敬的人，但徐老师会是我一辈子最尊敬的人之一。

26 “熬夜族”

前段时间，一篇题为《IQ越高，睡得越晚》的网络文章引发了网友的热议。很多晚睡的朋友感到异常高兴，为什么呢？因为终于可以名正言顺地晚睡了。

但事实真是这样吗？晚睡的“猫头鹰”真的会比早起的“百灵鸟”更加聪明吗？来看看科学家的说法：晚睡的人会比一般人更具创造力。但如果好的创造力没有好的身体作为载体，想必也是一件非常遗憾的事情。关于晚睡与智力的关系，准确点说，是聪明的人或许更擅长在夜间活动，但如果把这个结论反过来，就未必成立了。

因为从健康的角度来讲，长期晚睡会使人精神不振，免疫力下降，影响细胞

人生总有许多的意外，握在手里的风筝也会突然断了线。

——电影《向左走，向右走》

的正常分裂，从而导致细胞突变形成癌细胞。可以说，晚睡对我们的健康而言危害极大。

一个值得注意的现象是，随着现在晚睡的人越来越多，豆瓣网上也出现了不少“熬夜”小组，最多的小组人数竟然高达5万。不过，他们可没有将“晚睡”与“聪明”挂钩，相反，拖延症、焦虑、逃避现实等消极词汇被当作这个群体的形容词。

由此可见，无论何时，早睡早起都是健康之道。在此，我们倡导在生活和工作中做好积极、科学的时间规划，有一个健康、高效的工作状态，并在生活中保持平常而乐观的心态，把压力释放在一些有益身心健康的兴趣爱好上，养成早睡早起的良好习惯。

27 “低头族”

有人戏称：“世界上最远的距离，并不是生与死，而是我在你身边，你却在玩手机。”看似讽刺，却道出了我们面对“低头族”的无奈。

好莱坞动画大片《机器人总动员》中，描述了公元2700年时人们的生活：人类文明高度发达，但人们过度依赖智能设备，都变成了四体不勤的大胖子，时刻盯着眼前的电脑屏幕。除了和屏幕对话，他们不懂得如何与其他人交流，甚至离开屏幕就几乎无法生存……。电影虽然用了较为夸张的表现手法，但不可否认的是，随着社会的发展，科技的进步，智能设备越来越多地影响着我们的生活，其中，又以手机为代表。

手机在方便人们的同时，也带来了许多负面影响。比如家庭聚餐时，年轻人各自玩手机冷落老人，老人愤怒离席；行人走路玩手机，不注意过往车辆，引发交通事故……越来越多的事件让我们开始注意到“低头”的危害。

因此，我们要适时放下手中的手机或平板电脑，做一个“抬头族”。坐公交时，看看窗外的风景；和长辈相处时，不要总低头玩手机，而应该多陪陪他们；和朋友相处时，不要光拍照发朋友圈，而要真诚交流；最重要的是，走在路上，一定不要边走边看手机，引发悲剧。

人若无名，便可专心。

——电影《英雄》

放下手机，你会发现，在我们的周围，原来有这么多可感可触的幸福，原来还有这么多比看手机更加有意义的事。归根结底，手机只是一个通信工具，我们不要让它成为掌控时间的“主人”

28 正视缺陷

缺陷，是绝大多数人都唯恐避之不及的。但是，当缺陷无法避免时，我们能够做的就是正视它，并将它转化为优势，为我所用。

1975年的一天，韩国时任总统朴正熙约见现代集团总裁郑周永。他想知道郑周永和他的公司有没有兴趣去中东帮当地人搞施工建设，因为一旦成行，韩国将会从中受益。在此之前，朴正熙已经约见过许多其他建筑公司的总裁，不过他们均以中东太热、白天气温高达50摄氏度、没有足够的水源、施工地方多是乱石为由，拒绝前往施工。但让朴正熙没想到的是，郑周永在得知情况后当即同意，而且第二天便去了中东。一周后，郑周永兴奋地向朴正熙汇报：“中东是我见到的世界上最适合建筑施工的地方。”朴正熙听了一愣，忙问道：“为什么这样说？别的建筑公司跟你的想法可是完全不一样呀！”郑周永微微一笑，回应道：“一是那里一年12个月都很少下雨，几乎每天都可以施工，不会因为糟糕的天气而耽误建设的进程；二是施工现场的周边到处是建设所需要的碎石头，能就地取材，这样节省了大笔的原料费。”听完郑周永这番解释后，朴正熙觉得还真有道理，但想了想后又问道：“那怎么解决缺水的问题呢？”“可以运过去。”“工人们能忍受炎热的天气吗？”“可以白天休息，晚上工作。”由此，在开发中东热潮到来之前，现代集团帮助韩国取得了先机，自己也从中获得了丰厚的回报。

面对中东恶劣的水土环境，面对看似不可能完成的任务，在其他人都说“不能”的时候，郑周永却能化被动为主动，把握住先机。面对生活中的“缺陷”，我们也可以换个角度思考，正确认识与对待“缺陷”，从而走向成功。

面具戴太久，就会长到脸上，再想揭下来，除非伤筋动骨扒皮。

——鲁　迅

第六部分

文化娱乐类

01 我最喜欢的一本书

我最喜欢的一本书是有关趣味心理学的书籍，书名叫《清醒思考的艺术》，这是由德国心理学家罗尔夫·多贝里所写的畅销书。对我们中学生来说，很少有机会接触到心理学，在自己遇到心理上的困扰时，很难自我调节，而一些心理学方面的书籍又比较晦涩难懂。这本书之所以特别，是因为它通过52个轻松有趣的小故事来总结我们常犯的思维错误，并提出了纠正这些错误的方法，让我能在看书的过程中反思自己，从而更加理性地面对学习和生活。

比如，在这本书里有这样一个故事：一个人因为太胖了，下决心通过学习游泳来达到减肥的目的，因为他看到很多职业游泳运动员的身材都很匀称健美。通过一段时间的艰苦练习后，他发现职业游泳运动员的匀称体型并不是靠天天游泳练就的，而是因为他们本身就拥有匀称的身材，这是选择游泳运动员最重要的标准。作者进一步说，其实在生活中有许许多多这样的现象，比如女明星为某款化妆品做广告，并非她们用了这些化妆品才变漂亮，而是因为她们天生丽质；一些商学院宣称自己培养出了多少位千万、亿万富翁，实际上这些人成为富翁与是否在商学院学习并无关联，因为他们在来商学院之前就已经是千万、亿万富翁。

看到这个故事，我发现在生活中也是如此。我们总希望借助某一个外力来改变自己，但实际上还是要靠自己踏踏实实地勤奋学习才能获得成功。就像书店里有琳琅满目的成功学书籍，但又有多少人是靠读这些书而走向成功的呢?

这本书就是用一个个趣味小故事，让我在其中找到自己的身影，从而清醒地思考、理性地生活。

世界上有许多好书，但这些书仅仅对那些会读它们的人才有用。

——皮　丁

02 我最喜欢的一首歌

音乐，给予人们欢乐；音乐，给予人们鼓舞；音乐，给予人们激情。

我最喜欢的一首歌是Beyond乐队的《光辉岁月》。20世纪50年代以来，反种族歧视、争取民主和平的政治运动在一些国家蓬勃发展。南非黑人领袖曼德拉被关押长达15年之久，经过艰苦的斗争在1988年出狱。出狱后，曼德拉继续领导南非的反种族歧视运动，终于在 1990年成为南非第一任黑人总统。

1990年，Beyond乐队远赴肯尼亚，亲眼目睹了饱经战争和灾荒的非洲人民的苦难生活。回国后，Beyond乐队的主唱黄家驹在报纸上读到被困狱中的曼德拉的故事，内心产生共鸣。在黄家驹看来，曼德拉的精神内涵是抗争与希望，这与Beyond乐队在香港艰辛打拼的背景非常相似，于是黄家驹就创作了《光辉岁月》这首歌曲。

《光辉岁月》正是黄家驹献给南非黑人人权精神领袖曼德拉的一首对自由的颂歌。歌中唱道："风雨中抱紧自由，一生经过彷徨的挣扎，自信可改变未来，问谁又能做到。"

这首歌既表达了黄家驹对曼德拉的尊敬，也表现了黄家驹对自由平等精神的向往。在听《光辉岁月》时，我不禁联想到曼德拉从一个反叛青年成长为一个为自由而呐喊的领袖的经历，让人心生感慨。那是一种来自心灵的震撼，让处在逆境中的人仿佛看到了一丝希望，让人不由自主地坚强起来。

2009年11月11日，第64届联合国大会通过决议，将曼德拉的生日——7月18日定为"曼德拉日"，以表彰曼德拉为"和平与自由"作出的贡献。

在曼德拉逝世后，这首歌曲更显得弥足珍贵。《光辉岁月》不仅高度概括了曼德拉的一生，也表达出曼德拉所希望的人人自由平等。同时，这首歌曲是Beyond乐队最经典的歌曲之一，所以这是我最喜欢的一首歌。

我不希望看到你流泪，除非是为了幸福。

——电影《魂断蓝桥》

03 我最喜欢的电视节目

我最喜欢的电视节目是中央电视台的《开讲啦》。《开讲啦》每期节目都会邀请一位知名人士分享他们对于生活和生命的感悟，我觉得这是在目前电视娱乐节目泛滥的背景下，中央电视台推出的一档既传递正能量又深受青年学子喜欢的电视节目。

我印象最深的一期节目演讲嘉宾是赵启正先生。在看这期节目之前，我不太了解这位被誉为“中国政府第一新闻发言人”的赵启正是一位什么样的人物。但当主持人简短介绍后，他一出场便给人一种学识渊博、真诚谦和的感觉。赵启正大学学的是核物理专业，但他做的很多工作都和核物理毫无关系，他每一次转型都能迅速进入角色。作为新闻发言人，赵启正用语言搭起了一座座沟通的桥梁，他总是能用形象贴切的比喻轻松回应各种问题，做到“百问不倒”，让我们明白语言交流的重要性。

细腻准确、生动幽默的语言表达，离不开长期的阅读与积累。赵启正坚持每天阅读四小时以上。在谈到所谓成功的“捷径”时，他告诫我们：除了多读书外，还要多接触智者、长者，因为他们可以用很短的时间告诉你一些经验，这样你就能少走一些弯路。

每期《开讲啦》的演讲嘉宾，都会通过不同的故事带给我们不同的感悟，让我们从节目中得到很多启发，并能将这些启发融入到自己的学习生活中，积极面对每一天。

04 我的偶像

每个时代的年轻人都有自己的偶像，这些偶像体现着时代的精神气质，闪烁着时代的精神光芒。

我的偶像是白岩松。著名播音员欧阳夏丹曾表示上学时就很崇拜他，她认为

人的烦恼就是记性太好，如果可以把所有事都忘掉，以后每一日都是个新的开始，你说多好。

——电影《东邪西毒》

白岩松打破了新闻主持的传统模式，带来了语言表达方式的突破和创新。“以前电视台挑选主持人，男的要求五官端正、声音好，女的要求靓丽青春，白岩松戴个眼镜，长得并不算英俊帅气，普通话说得也不标准，但他却可以坐在那和大家沟通交流，你听他说话从不会感觉他在‘端着’，在字正腔圆地说着别人写好的稿子。”

欧阳夏丹的这番话，我非常认同。白岩松是一个有深度、有想法的人。在他出版的《痛并快乐着》《幸福了吗？》《白说》三本书里，我们能够感受到白岩松之所以能够妙语连珠、出口成章，靠的是他长期的积累与坚持。白岩松的成功，与他每天至少用两三个小时来阅读是密不可分的。他的阅读分成三个层面：第一是为工作阅读，第二是为职业阅读，第三是为自己阅读。他觉得，除了工作阅读、职业阅读以外，还需要一种与时代无关的阅读，而这种阅读才是最重要的。白岩松的这些读书理念，也深深影响了我：要想学好播音主持，必须多读好书。

从《东方时空》到《中国周刊》，再到《新闻1+1》，从香港回归祖国直播到澳门回归祖国直播，从报道汶川大地震到主持2014年的“感动中国”人物评选，白岩松总是一次又一次带给我们惊喜与感动。他睿智沉稳、朴实无华的主持风格，是我们每一位播音主持专业学生的榜样。

05 我看植入广告

随着新媒体的迅猛发展，大家对电子产品的依赖度不断增加，很多企业的产品宣传模式也由传统模式升级为新媒体模式，比如植入广告。

植入广告，有很多种形式，如影视剧中植入广告、常用软件中植入广告等。植入广告一般是为了赚取广告赞助费。植入方式一般都比较简单粗暴，这使许多观看影视作品的受众十分不满，那到底有没有必要植入广告呢？

我认为，植入广告有存在的必要。第一，影视剧的制作是一个庞大的工程，需要巨额资金，植入广告可以减轻制片初期的经济压力，这是可以理解的。第二，只要影视剧为现代剧，生活中需要的很多东西就难以避免出现在镜头之中，比如剧中主角喝什么品牌的啤酒，用什么品牌的洗发水、化妆品，开什么品牌的汽

生活不是电影，生活比电影苦。

——电影《天堂电影院》

车，等等。大家讨厌广告植入的原因可能是其插入得过于强硬，在不恰当的时机出现或者出现次数过多，让受众产生不适甚至抵触情绪。我想，只要通过自然且符合生活常理的方式植入广告，大家的接受程度就能有所提高。

植入广告对于商家而言，具有一定的宣传作用；对于受众而言，大家会因为喜欢一部影视作品进而喜欢里面常出现的商品，毕竟，和影视剧中人物使用同款商品是件有趣的事。

以上就是我对植入广告的看法。

06 电子阅读与纸质阅读

随着人们生活节奏的加快，阅读载体也呈现多样化趋势。现在使用电子设备特别是使用手机阅读的人越来越多，于是有人断言，电子阅读最终会取代纸质阅读，但我不这样认为。电子阅读和纸质阅读各有利弊，对于我们来讲，合理兼顾二者，不失为一种好办法。

和纸质阅读相比，电子阅读具有信息量大、携带方便、价格便宜、低碳环保的优点。一个容量为4G的电子阅读器能容下约3 000本电子图书，而3 000本纸质书需要很多书架才能放下。因此，我们可以充分利用零碎时间来进行广泛的电子阅读。

手捧一本有真实触感、散发着油墨香味的纸质图书，更能让人体会到阅读的乐趣，这是任何一种电子阅读产品都无法比拟的。更重要的是，电子阅读碎片化信息太多，缺乏系统性，是一种“浅层阅读”，我们非常容易被其他链接吸引，从而转移注意力。而我们在进行纸质阅读时，受到的干扰就少得多，我们可以深入阅读，建立起的知识体系也会更加完善。

电子阅读和纸质阅读，虽然阅读的载体不同，但本质都是在读书，最终受益的是我们每一个热爱阅读的人。

改变，从都会有的，当你真正改变时，你也就觉得坦然了。

——电影《廊桥遗梦》

07 最让我感动的一部电影

世界上的电影非常多，然而最让我感动的是一部动画电影——《疯狂原始人》。《疯狂原始人》是一部3D喜剧动画电影，画面唯美、景色新奇、角色夸张、个性明显，是一部既热闹惊险又充满欢乐的电影，适合全家人一起观看。

这部电影讲述了几个身手矫捷得可以与野兽媲美的原始人遇上聪明的"盖"，为躲避自然灾害一路赶往新的家园、追逐新的明天的奇妙冒险之旅。影片中各式各样奇怪夸张的动植物和美丽的风景都让人感觉唯美新颖，再加上3D效果，让人仿佛身临其境。《疯狂原始人》里的亲人们，虽然时常吵闹，还有相互的不理解，但其中浓浓的亲情让我感动。父母的牺牲精神，子女对父母的爱和需要，都真真实实地存在着。好莱坞的动画电影总是这样以直白幽默的方式告诉观众生活中的哲理。

向着太阳，勇敢改变，才能走向明天。《疯狂原始人》在主题升华上给人力量。有时候，改变才是生命的出路。我们都不知道未来会是什么样，但是，唯一的不变就是变，我们只有去适应环境适应现实，才能够真正走向明天。

在追赶时间脚步的过程里，真正驱动我们坚持下来的不仅是到达"明天"的梦想，更是内心深处的爱。看过本片的人或许都不会忘记在观影过程中所激荡过的那份温暖如潮的感动，是那样让人回味无穷……

08 我最喜欢的一则公益广告

公益广告是社会公益事业的一个重要组成部分。每个人都有自己喜欢的公益广告，我当然也不例外。我最喜欢的一则公益广告就是中央电视台的《打包》：一位老人呆呆地望着家门口。"爸，爸，开门啊，我是你儿子，我没带钥匙。"老人听后却慌乱起来，背景音乐也变得节奏紧迫，老人低头看了眼照片害怕地说："我……我不认识你。"儿子惊呆了。原来，随着时间的流逝，老人的记忆力越来越差：冰箱

世界上有一种鸟是关不住的，因为它们的每一片羽毛都沾满了太阳的光辉。当它们飞走的时候，你会觉得把它们关起来是一种罪恶。

——电影《肖申克的救赎》

在哪儿，厕所在哪儿，他刚做过的事儿，甚至连家在哪儿都忘了。一次，儿子带他出去和朋友吃饭，父亲痴痴地看着桌子上剩下的两个饺子，直接伸手把其中一个饺子放入了口袋。儿子又羞又恼地说："爸，你干什么呢！"父亲支支吾吾地说："这是留给我儿子的，我儿子最爱吃这个了。"父亲忘记了很多事情，却从未忘记儿子最喜欢吃饺子。

生活中，我们其实很容易忽视身边最亲近的人，重视朋友甚至超过家人，可能是知道家人不会离开自己而有恃无恐吧。但是，别等到父母头发白了，眼睛花了，走不动了，甚至把你忘了才后悔没有好好陪伴他们。广告中的父亲忘记了儿子的面孔，却不忘给儿子带饺子回家，这是一种多么深沉的爱啊。这则公益广告用一个看似简单的事例来阐述人间真情，让我们明白了生命中什么是最重要的。这也是我喜欢这则公益广告的原因。

09 如何看待"网红"现象

从2005年湖南卫视《超级女声》节目开始，普通民众也有了成为明星的可能。随着新媒体的快速发展，微博、微信、直播平台等涌现出大量"一夜成名"的"网红"。如果说通过电视选秀节目成名的人是靠自身才艺的话，那么"网红"则更多是通过自媒体"作秀"获得关注。

可是我们仔细想想，曾经风靡一时的各类"网红"，现在能被人记住的还有几个？他们中的许多人是通过各种离奇出格的行为赢得网友追捧的，甚至有的直接通过网络推手精心炒作来吸引粉丝，最终成为"喧嚣的泡沫"。一些人为了提高关注度，牟取丰厚的利益，甚至挑战伦理道德和法律的底线，做出一些伤风败俗或违法乱纪的事情。他们虽然出名了，但出的是恶名、臭名，给社会带来的是负能量，理应受到惩罚。"网红"要想获得大众认可，最根本的还是要做好所展示的内容，著名网红"papi酱"就是一个很好的例证。

有一类人也是"网红"，比如"最美妈妈"吴菊萍，当两岁女孩突然从10楼高空坠落，刹那间，身为路人的她毫不犹豫地冲过去，徒手抱接住孩子，挽救了一个

年轻的时候，总是以为自己是全世界最棒的，肩负着惊天地泣鬼神的重任。年少时这些豪情狂妄而单纯，却那么有韵味，像早春旷野里的习气。

——电影《玻璃之城》

孩子，也挽救了一个家庭，而她的手臂被撞成粉碎性骨折。再比如“最美教师”张丽莉，学生差点被撞，生死关头，她奋力一推，学生有惊无险，但她却因伤被截去双腿。吴菊萍和张丽莉都是普通人，但她们在危险面前不踌躇，在痛苦面前不退步，感动了无数人，从而赢得了世人的尊重。她们向社会传递了真善美，让我们每个人都能感受到温暖，这才是我们社会真正需要的“网红”。

10 电视节目“低俗之风”

在物质生活得到极大满足的当今社会，普通大众尤其青年人学习工作之余有越来越多精神方面的需求。但在我国电视媒体当中，还存在一些低俗化、庸俗化的现象。一些电视台争先恐后地抢着播出的穿越剧、宫斗剧，不是指鹿为马、糟蹋历史，就是钩心斗角、尔虞我诈，彰显人性之恶；还有无吵不成戏的所谓“家斗剧”，放大亲人间的矛盾，把小小风波折腾成似海深仇；更有备受诟病的出现“手撕鬼子”“手榴弹炸飞机”等与常识相违背的“抗日神剧”。“唯收视率”“唯票房价值论”的暗流，助长了娱乐低俗化倾向。

要扭转电视节目以及网络媒体的“低俗之风”，我觉得首先，国家主管部门应该出台一系列措施，制定一些标准，对违规机构进行相应惩处，起到“杀一儆百”的作用；其次，电视节目制作机构也应自觉遵守相关规定，积极制作一些传播社会正能量的节目，达到“以优秀作品鼓舞人”的目的，重塑媒体公信力；最后，我们每一位受众也应在心中树立标准，明辨是非，不被节目表象所迷惑，对于网络上出现的违反道德法律的现象，我们要及时举报。我相信，只有通过主管部门、制作机构以及受众个人的齐心协力，电视节目的“低俗之风”才能得到根本的扭转。

明天又是新的一天。

——电影《乱世佳人》

11 流行与经典

什么是流行？所谓流行，就是社会上一段时间内出现的某种权威性的人物倡导的观念或者行为方式迅速推广直至消失的过程，而经典则具有典范性、权威性以及历史性。

现如今，很多90后甚至00后都在一味地追求着流行的脚步，认为流行就是一种风尚的代表，只有紧跟流行的步伐唱流行歌、穿流行装才不会被这个社会所抛弃，而经典则是老一辈人的怀旧物，是一种已经过时的、被抛弃的旧有文化。

其实我想说，经典曾经也是一种流行。文化要取其精华、去其糟粕。流行文化是一个大的范畴，这其中就包含了经典文化，且经典文化恰恰就是流行范畴中留下的文化精华。如果把流行比作皇冠，那么经典就是皇冠上面那颗最璀璨的明珠；而那些过时的流行文化则在文化发展进程中被湮没。

举一个例子吧，我们大家最为熟悉的由四大名著《西游记》《红楼梦》《水浒传》《三国演义》改编的电视剧，在20世纪80年代推出后就广泛流行，而等到三十多年后，这些在当时风靡的电视剧已经成为真正的经典。

既然这样，我们应该怎样来对待流行和经典呢？我认为，某个事物既然可以成为时尚，那它就有自己的优点。因此，我们在对待流行和经典的时候，既不能将它们全盘否定，也不能全盘吸收，而应该择其善者而从之，只有这样，才能让这些优秀的文化世代流传。

12 戏曲应该如何传承

戏曲是中华文化传统艺术中的一颗璀璨明珠，不仅体现着古老的中华文化所达到的文明高度，也是人类文化中独一无二的一道风景。一代又一代人从戏曲艺术中汲取营养，戏曲曾经的辉煌让人难忘。但是，随着社会转型、文化多样化的发展以及受外来文化艺术的冲击，我国的戏曲艺术正面临着前所未有的危机，呈

每一天，每一秒，你所做的决定都会改变你的人生。

——电影《罗拉快跑》

现出“演职人员与观众老龄化、年青一代充耳不闻”的尴尬局面，许多剧种正在逐步消失。一些地方剧种，尤其是小剧种、稀有剧种濒临消亡。

我觉得，可以从这样几个方面来弘扬与传承戏曲艺术。第一，通过多种渠道，特别是新媒体渠道来传播优秀戏曲作品。近年来，随着中央电视台戏曲频道的开通以及《中国戏曲大会》《国色天香》等优秀电视戏曲节目的开播，使得广大观众能够通过电视荧屏欣赏戏曲艺术。但是，戏曲却很少借助新媒体平台进行进一步的推广。所以，我们应该借助新媒体的“东风”，拓宽戏曲艺术的传播道路。第二，大力培养戏曲人才。虽然近几年我国很多高等院校开设了戏曲专业方向，但遗憾的是绝大多数的院校目前只进行高职专科层次招生，对考生缺乏吸引力，每年报考的人数少之又少。所以，高校应尽快开展这个专业的本科层次招生，让更多喜欢戏曲的年轻人能够成为戏曲发展薪火相传的生力军。第三，与时俱进，创新发展。每一个剧种都是在借鉴和吸取其他艺术样式精华的基础上，再结合自身特点和时代要求诞生的。戏曲的发展也不能脱离大众孤芳自赏，而应在人物、音乐、念白、唱腔、舞台布景等方面结合现代艺术发展特色进行创新发展，大胆吸收当代艺术元素，让传统艺术焕发出时代光芒。

面对困境，中国戏曲应该在反思中不断改革创新，让人们重新认识并喜欢戏曲，这样才能使得戏曲经久不衰，常演不断。

13 谈谈提笔忘字现象

近几年，一档名为《中国汉字听写大会》的文化节目掀起收视热潮。节目内外频现的“提笔忘字”现象引发了一场关于“汉字危机”的大讨论。

造成“提笔忘字”的因素很多，但不可否认，触屏操控和电子输入方式是造成“能识不能写”这一尴尬局面的主要原因。

近些年来，随着信息技术的发展，公务文件处理、记者写稿、教师备课、私人信件等绝大多数文字处理都由电子设备完成，这样的方式快速、高效、易修改，受到人们的青睐。

电脑普及之初，社会上各种盲打速录大赛盛行，人们使用键盘由“一指禅”迅速变得游刃有余，甚至许多老年人能在QQ、微信中聊得热火朝天。键盘的确提高了文字传播速度和工作效率，就像硬笔书法代替柔软的毛笔字一样，这无疑是社会发展的进步。但在这种进步之下，作为古老汉字的继承者，中国人还应当担当起传播这一文化的历史使命。

当下，人们受电脑应用的影响，“提笔忘字”已经成为普遍现象，但对“书写沦陷”来说，更糟糕的是中断了整个中华民族文明传承的途径。电脑可以帮助人类学习知识，但无法替代人们产生更深层次的精神感悟，“书写”的传承作用是不可能被电脑替代的。

汉字文化博大精深，是世界上迄今为止连续使用时间最长的文字，也是唯一人们还在使用的象形文字。因此，守护这一宝贵的文化迫在眉睫。

14　新闻道德与新闻价值哪个更重要

新闻道德与新闻价值哪个更重要？我们无法单纯说新闻道德比新闻价值更重要，或者新闻价值比新闻道德更重要。首先，给大家讲一个故事吧。

南非的自由摄影记者凯文·卡特有张普利策新闻特写摄影奖获奖照片叫作《饥饿的苏丹》。这张照片中，一个苏丹女童即将饿死，跪倒在地，而兀鹰正在女孩后方不远处虎视眈眈，等候猎食女孩。这张震撼世人的照片，引来诸多批判与质疑。人们纷纷打听小女孩的下落，遗憾的是凯文·卡特自己也不知道。他以新闻专业者的角色，按下快门，然后赶走兀鹰，看着小女孩蹒跚离去。《饥饿的苏丹》这张照片在《纽约时报》发表后引起强烈反响，一方面，苏丹饥荒和内乱引起了国际社会的强烈关注；另一方面，不少人谴责凯文·卡特残忍，没有放下相机去救小女孩。但我们从一个记者的角度去思考的话，其实他也没有做错什么。他只是出于自己的新闻敏感记录下了一个有价值的瞬间。

每当第一遍读一本好书的时候，我仿佛觉得找到了一个朋友；当我再一次读这本书的时候，仿佛又和老朋友重逢。

——伏尔泰

再来给大家讲一个更贴近我们生活的例子吧。2005年5月的一天，一场暴风雨袭击厦门，市区道路上冲出的一些水坑让不少骑车人栽了跟头。记者守株待兔般看着路人落难，并及时拍下路人摔跤的整个过程。当时，这位记者受到了很多舆论指责，说他为了采集新闻不惜以市民受伤为代价。虽然这位记者在暴风雨中很“敬业”，但他首先是一个“大写”的人，完全可以用更多的方式来提醒市民前面的危险。

站在新闻人的角度，我觉得新闻价值更重要，但当二者相冲突时，我觉得道德才是最重要的。

15 逐渐消失的报刊亭

如今，想在街头报刊亭买份报纸杂志是越来越难了，因为报刊亭的数量逐渐减少，仅存的报刊亭所销售的报纸杂志数量也越来越少。面对不断消失的报刊亭，一些人觉得这是现代传媒发展的大势所趋，也有人认为应该拓宽报刊亭的经营范围，使之成为城市文化地标。

以前，人们习惯买一份报纸来获取新闻资讯，而随着网络及新媒体的快速发展，人们的阅读习惯也发生了很大的改变。越来越多的人选择打开手机新闻客户端浏览新闻，报刊亭的命运也发生了根本的变化。通过手机应用看新闻不仅免费，还能在第一时间获取最新资讯，甚至可以根据自身喜好设置获取自己感兴趣的信息，这是传统报纸所无法比拟的。在这样的大前提下，除去少数一些习惯通过报纸获取新闻信息的中老年人，靠卖报纸杂志为生的报刊亭越来越没有市场了。

我觉得，报刊亭以前之所以大量存在，是因为它能满足人们对咨讯的需求。在新的传媒环境下，要想使报刊亭长久地发展下去，就应该更新观念，允许报刊亭不仅售卖报纸杂志和饮料小吃，还可以拓宽经营范围，销售一些旅游文化纪念品，成为燃气费、电费、水费等代收点，火车票代售点。同时，利用互联网的优势，使报刊亭成为城市的一个Wi-Fi站点，方便人们的生活。

报刊亭虽然很小，却关系到一个城市的文化品位。一个城市也应该满足不同人群的阅读需求，不能因为市场原因将报刊亭边缘化，甚至简单粗暴直接拆除。

不要因为走得太远，以至于忘记自己为什么出发。

——卡里·纪伯伦

而是应该根据社会的不断变化，科学定位，发挥优势作用，让报刊亭成为城市里一个个靓丽的“文化驿站”。

16 艺术源于生活，又高于生活

艺术源于生活，是因为我们都处在社会这个既定的环境之中，生活中发生的点滴小事都为艺术提供了素材。哲学书上说，社会存在决定社会意识，许多神话故事或者是恐怖故事的主角，外形都是人形。包括我们经常看到的一些艺术品，即使再抽象，它的创作灵感也一定源于生活。举个简单的例子，我们经常会在看书、看电视剧的时候，与某件事、某个人产生共鸣，就是因为我们可以在事物或人物中找到与自己身边的事物或人物的相似之处，这就是艺术源于生活。

艺术又高于生活，因为生活并不完全是艺术，艺术的形成是需要选择的。在艺术的表达中，生活往往是被包装塑造过的，一个惯用的手法就是夸张。我们在看电视的时候应该不难发现，剧中的人物形象十分鲜明，比如主角拥有所谓的“主角光环”，遇到任何困难都能克服。

我们不需要追求艺术的完全真实，因为艺术是高于生活的，是一种夸张的表现形式，而生活是千姿百态的，因此艺术也是丰富多彩的。

17 德艺双馨

德艺双馨，用来形容一个人的德行和能力都具有良好的声誉，这也是对艺术工作者的最高赞誉。

秦怡，有着辉煌的事业和坎坷的人生，曾当选“中国十大女杰”，被周恩来总理称为“中国最美女性”。从艺76年，秦怡那些流光溢彩的银幕形象，早已定格在无数留档的胶片中、泛黄的老电影杂志上。她的成就，无须旁人赘言。1962年，她

最好的朋友是那种不喜欢多说，能与你默默相对而又息息相通的人。

——高尔基

就是全国电影观众评出的22名电影明星之一。2009年，她获得第18届金鸡百花电影节“终身成就奖”。

秦怡的美，来自她的外表，更来自她坚毅柔韧的性格。“秦娘”是秦怡的一个雅号。吴祖光在随笔《秦娘美》里如此形容：“秦怡具有中国妇女的传统美德，身处逆境而不灰心丧志。”

生活中的秦怡，有绵长的苦楚。她重感情，独自承担家庭的重担。有“电影皇帝”之誉的丈夫金焰长年卧病在床，唯一的儿子10多岁罹患精神疾病，终身未愈。几十年间，秦怡对患病的儿子倾注了她全部的爱。面对病中儿子狂躁的拳头，她唯一的要求是“不要打妈妈的脸，因为明天要拍戏”。有女士请教秦怡青春常驻的秘诀，秦怡说：“努力工作。在家里上上下下、粗粗细细的活儿都干。”听得人目瞪口呆。熟悉秦怡的人都知道，这是她的真实生活。

苦难与欢乐相伴，失败与成功交替，委屈与喜悦并存，荣誉与流言重叠，顺境与逆境纠缠，遇事不相信眼泪，只相信实干。电影界漂亮的女明星不少，但像秦怡这样有成就的不多。她从不以天生丽质为本钱，而更注重勤奋进取，她的成功靠的是真本事，也是德艺双馨的最佳体现。

18 我最喜欢的纪录片

我最喜欢的纪录片是《舌尖上的中国》，因为我是个“吃货”。在以往的美食节目中，总是有一位大厨在烹饪，一位主持人在一旁问这问那，然后等菜做好了，主持人便开始品尝并大加赞赏，千篇一律。直到纪录片《舌尖上的中国》的开播，我才知道：哦，原来美食节目也可以这样拍。可以说，《舌尖上的中国》开创了美食节目的新天地。

我更愿意把《舌尖上的中国》称为一部人文纪录片，而不是美食纪录片。因为它并不仅仅是介绍各地美食那么简单。它以食物作为媒介，通过对食物朴素细腻的描述，以及对人与食材的关系的微妙理解，悄然体现几千年来中国人在劳动中所产生的智慧及审美。而这一切，都使这部纪录片呈现出与众不同的魅力。它以一种平视的视角，如涓涓细流一般将平凡人生活当中的感动展现给了观众，引起观众的情感共鸣。纪录片中那些普通劳动者的微笑，那些朴实老百姓安居乐业的生活场景，那些小商小贩的快乐自足等，让观众在观看节目的时候获得心灵上的慰藉。《舌尖上的中国》每一季每一集的主题都不相同，但我从整体中读出了两个字——和谐。人与人的和谐、人与社会的和谐、人与自然的和谐，这不正是几千年来中国人所不断追求的吗?

在当今食品安全问题层出不穷的情况下，《舌尖上的中国》无疑是重新唤回国人对于美食热爱的一大功臣。在纪录片中，我们可以舒心地做一次"吃货"，所以与其说我喜欢它，不如说是享受它。

19 好莱坞电影对中国电影的启示

目前世界上最强势的跨国界、跨民族、跨文化传播的电影非好莱坞电影莫属。近年来在美国，出口产值仅次于航空业的就是电影业了。毋庸置疑，好莱坞电影是美国对外文化输出的"强力武器"。好莱坞电影在全球的强势传播，给当代中国电影带来不小的冲击，同时也带来深刻的启示。

近年来，好莱坞尤其注重中国市场，福克斯一位制片人说："未来每产生4部美国电影，就会有1部是针对中国和东方市场的。"中国电影市场日益发展壮大，中国市场的影响力逐渐蔓延到世界的各个角落，因而许多国家的电影制作方开始想方设法地讨好中国观众。越来越多的好莱坞商业大片也选择在中国取景，2013年上映的科幻巨制《环太平洋》八成场景设定在中国香港。影片中出现了不少维多利亚港夜景镜头，更有香港街道特写。好莱坞电影经常借用别国的故事或在别国取景已经不是新闻了，但是，其传播的仍然是美国思想。借用苏格兰的独立战争来宣扬美式自由，借用闻明于世的金字塔、秦朝的兵马俑来宣扬美式冒险精神，等等。收拢、挪用他国的文化进而改造取代，是好莱坞的全球化文化策略之一。经过好莱坞包装的异域文化再以好莱坞出品的方式出现在世界电影市场上，已经成为各国本土电影的大敌。

通过痛苦，得到欢乐。

——《罗曼·罗兰传》

中国电影要想在全球化语境下改变自身的弱势地位，将中国电影推向世界，就必须积极地参与跨文化传播。在学习好莱坞的先进理念以及运作方式的同时，发挥自身特长，将中华文化传播到全世界。

20 谈谈广场舞

每当清晨或傍晚，我们在很多地方都能看到一些中老年人在广场上随着音乐翩翩起舞，成为城市乡村一道靓丽的风景线。但一提到广场舞，可能很多年轻人都会嗤之以鼻，认为其舞姿既不优美又产生噪音污染。

其实，对广场舞我们要抱有宽容之心。中老年人之所以爱跳广场舞，我觉得主要有这样几个原因。第一，很多中老年人生活在城市单元楼里，连隔壁邻居姓甚名谁都不知道，缺乏必要的社会活动，也缺乏必要的运动，而广场舞恰好提供了这样一个以中老年人为主的交际和运动平台。第二，一些年轻人，特别是工作地较远的年轻人回家的时间越来越少，和长辈交流的共同话题也越来越少，一些老人还逼迫子女结婚、生小孩、生二胎，让子女越来越怕回家，中老年人在家中连说话的对象也没有，非常孤独。第三，随着移动互联网的迅速发展，各种聊天购物软件、时尚话题距离中老年人太过遥远，他们只有在同龄人中才能找到共同的话题。广场舞恰恰为他们提供了机会，由广场舞引发的友谊，可以扩展到一起买菜、登山、拉家常，甚至还成为中老年人的精神寄托，消除其孤独感，使他们老有所乐。

目前，广场舞存在的主要问题是噪声污染太大，影响其他人的正常休息。要解决这个问题，我想除了中老人们要加强自律以外，更需要社区街道为他们创造有利条件，开辟供他们跳舞的场所，协调好固定时间，选派专业舞蹈老师对他们进行专业培训，同时加大宣传力度并采取一定惩罚措施，让他们降低音响音量。这样才能既不影响其他人的生活作息，又能为中老年人娱乐和健身提供更好的服务。

最大的痛苦是不能向别人诉说的痛苦。

——马　金

21 网络流行语

近年来，随着网络的快速发展，网络世界涌现出许多流行语，比如“我和小伙伴儿们都惊呆了”“人艰不拆”“蓝瘦”“香菇”等。

但网络流行语的发展也出现了另一个极端，那就是低俗化。例如：“搜啊”“我去”“我晕”等。这些网络用语流传于大街小巷，甚至进入了中小学校园。低俗的流行语一方面表现的是一种消极和烦躁的态度，另一方面也反映出人们的思想素质有待提高。此类流行语不仅有损说话者的形象，同时一旦养成习惯，就很难改正过来。

虽然网络流行语在一部分群体中被广泛传播，但对那些不经常接触网络的人使用就可能使传达的意思发生偏差。另外，网络流行语中，带有歧义的不规范语言、有违道德的语句以及粗俗浅薄的词语都应该为主流媒体所摈弃。如“9494”(就是就是)、“87”（霸气），这本身就不是汉语言的规范表达方式，常用这样的语言，会使人们对规范汉语的认识变得模糊。

网络流行语的确对信息传播的深度、广度都有着重要影响，但是，报纸、杂志、广播、电视等传统主流媒体还是应该本着“取其精华、去其糟粕”的原则对其加以分析研究，限制过度不规范的网络流行语，正面引导使用规范语言，消除网络语言传播中的不和谐因素。

网络流行语是网络快速发展的产物，是无法避免的客观事实。我们要因势利导，既维护好汉语的纯洁性，又适当对其进行补充丰富。

22 传统文化的创新表达

在很多人眼里，传统文化是“高冷”和“曲高和寡”的代名词。如何让传统文化这只“旧时王谢堂前燕”，能够“飞入寻常百姓家”？我想最主要的是与时俱进，将传承的内容与新的时代特色、传播方式相结合，用富有时代与生活气息的方式

所谓父母，就是那不断对着背影既欣喜又悲伤，想追回拥抱又不敢声张的人。

——龙应台《亲爱的安德烈》

进行创新表达。

近几年来，《中国汉字听写大会》《中国成语大会》《中国诗词大会》《朗读者》等一批文化节目通过紧张的比赛、线上与线下的互动、有趣有料的点评，使传统文化能够在短时间内缩短与人们的距离。在这些节目中，吸引人的不仅是创新多变的赛制及对选手综合素质的考察，还有众多文化名人对传统文化的精彩解读。这些节目迅速点燃了我们学习传统文化的热情，让观众从古人的智慧与情怀中汲取营养，感受到中华传统文化的博大精深。

在第二季《中国诗词大会》中，年仅16岁的“00后”上海女高中生武亦姝，最终战胜北大才子彭敏摘得年度总冠军的桂冠，可谓众望所归。她拥有超高的人气，不仅是因为她高挑的个子和温婉的气质，更因她身上浸润的深厚文化底蕴对集体记忆的唤醒。从《诗经》里的“七月在野，八月在宇，九月在户，十月蟋蟀入我床下”，到《将进酒》的“五花马，千金裘，呼儿将出换美酒，与尔同销万古愁”；从苏轼的“明月几时有，把酒问青天”，到陆游的“塞上长城空自许，镜中衰鬓已先斑”，武亦姝用舞台上的惊艳表现，唤醒了无数观众共同的文化记忆。

“问渠那得清如许，为有源头活水来。”这些文化节目引人关注的根本原因在于中华文化这坛愈久弥香的老酒，散发的是中华传统文化的永恒魅力。但在这个“酒香也怕巷子深”的时代，传统文化更需要采用创新的模式和手段进行传播，才能让人们喜闻乐见并得到传承发扬。

23 我眼中的时尚

时尚，它可以是一件衣服、一座建筑、一道美食、一首音乐、一部电影……简单地说，时尚就是我们的态度，它能给物质以灵魂。物质像流水一样不停地经过我们身边，而时尚的态度就像河岸，它的高度决定了物质生活的走向。

在这个追求个性的时代，时尚是自信心的体现，没有量化的标准。有些人喜欢去商场买高档品牌，有些人喜欢去路边小店或淘宝网买个性服饰，都没关系，只要你穿出品位，凸显自己的个性和气质，就是时尚。

名望就意味着孤独。名望仿佛商店橱窗里陈列的水晶，你被安置在那里展览，供人世间欣赏，马路上所有的过客都瞅着你，可是任何人都不能接触你，你同时也无法接触任何人。

——莫拉维亚

每个时代的时尚概念是不同的。单说饮食这一块，20世纪七八十年代，爸妈们能够吃到大鱼大肉就是时尚；而现在，生活水平提高了，五谷杂粮又成了时尚，大鱼大肉反倒受到冷落。健康环保成了这个时代的时尚，所以，时尚是有时代界限的。就如同我们现在再去看2005年湖南卫视《超级女声》的获奖选手一样，可能觉得当时她们的穿着打扮很土，但要知道她们的装扮却是当时最为时尚流行的。

因亲子节目《爸爸去哪儿》备受关注的时尚潮爸张亮，对于时尚有着自己的理解："我长得比较另类，对于我来说时尚就是做最真实的自己，忠于自己的内心，用心去传递时尚讯息。"

时尚带给人的是一种愉悦的心情和不凡的感受，赋予人们不同的气质和神韵，能体现不凡的生活品位，展露个性。时尚可以融入生活的方方面面，但并不仅仅体现在穿着打扮上。时尚应该是一种新的生活方式、生活理念。有假期的时候背着包来个自助游；做环保人士，不吃野生动物，不穿貂皮大衣；多尝试体验新事物，这些都算是时尚的体现。

24 微商

微信已经成为人们生活中十分重要的社交工具，在微信中也出现了这样一群人，他们在微信朋友圈发图展示商品，进行商品交易，我们称这群人为微商。

说起微商，大家可能态度不一。有人会是觉得微商是种朋友圈骚扰，大家使用朋友圈是想看看身边朋友最近的动态，可一打开却全都是衣服、包包、化妆品，好像误入淘宝。这部分人就会对微商采取"屏蔽"措施。也有少部分人觉得微商给生活带来便利，打开微信翻翻朋友圈就可以把想要的东西买入手，既时尚又方便。

我个人认为，目前微商的这种销售手段弊大于利。第一，微信朋友圈设计的本意是让大家在其中发送自己的动态或者心情，而大多数人刷朋友圈也都是为了看看朋友们的最新动态，微商发布大量商品图片，严重扰乱了朋友圈秩序。第二，微商以营利为目的，淘宝、京东、苏宁之类的购物平台，是有品质保障的，而微商就是

社交场中的闲逸是令人厌恶的，因为它是被迫的；孤独生活中的闲逸是愉快的，因为它是自由的、出于自愿的。

——卢 梭

一种简单的个人行为，买卖双方基于信任进行交易，万一运气不好遇到无良商家，消费者维权困难。第三，微商圈中存在不少品质低劣的三无产品，严重污染市场环境。由于缺乏治理，天猫、京东等大平台不允许刊登的虚假广告，微商在朋友圈可以任意发布。在淘宝、京东上被禁售的仿包、仿表，却在朋友圈中大肆展销。

由于监督管理方面的漏洞，第三方担保交易的缺失，使微商存在严重隐患。相信通过微信官方一步步的规范化管理，微商会逐渐发展得利大于弊。

25 网络购物的喜与忧

如今，各种购物网站、网上店铺五花八门，喜欢网络购物的人也越来越多，网络购物既不用跑商场、货比三家、花时间砍价，又能享受送货上门、快速支付的轻松和便利。比如需要买一本书，再也不用到书店慢慢搜寻，只需在购物网站上输入图书关键词，在短短几分钟之内就可以成功购物。

网络经济的出现，满足了人们对物美价廉的商品的渴望。但与此同时，产品质量、商家诚信等问题也时常困扰着“网购一族”。在电商“糖衣炮弹”的攻击下，消费者也没少用惨痛的经历验证“便宜没好货，不便宜也没好货”的道理。无论“双十一”还是“双十二”，面对商家节前的宣传，部分网购者只觉得：网购，想说爱你不容易。

网上购物是一把双刃剑，一方面，网上购物相比商场购物确实更加方便；另一方面网上购物的异地交易，使消费者担心商品质量难以得到保证，买家无法做到“眼见为实”，而且一旦出现质量问题或其他纠纷，双方交涉起来也比较困难。不过，网上购物商品齐全，选择余地非常大，价格透明，这些优点又使得它越来越成为一种消费潮流，只要消费者能够仔细识别网上物品的真伪，把握购物的分寸，合理地进行网络购物，那么大部分的问题就可以得到有效避免。

如果你是对的，就要试着温和地、技巧地让对方同意你；如果你错了，就要迅速而热诚地承认。这要比为自己争辩有效和有趣得多。

——卡耐基

除此之外，监管部门加强监管，商家保持诚信、确保产品质量，物流公司提升服务，“互联网+”经济才会得到更好发展。

26 台上与台下

昙花用一年的默默酝酿换来一夜的风姿绰约，蝉用四年的地下修炼换来阳光下的自由放歌，企鹅用竭尽全力的沉潜换来一道完美的弧线。大自然时时处处向世人诠释着一个道理：所有的成功都离不开背后不断的付出。

俗话说，台上一分钟，台下十年功。意思是只有刻苦努力，才能取得成功。台下努力是台上成功的基础，台上成功是台下努力的体现。爱迪生，曾失败过999次，坚持不懈，最终发明了给人带来光明的电灯。李时珍翻山越岭，克服各种困难阻碍坚持山上采药，最终编写出医学巨著——《本草纲目》。从古至今都是如此，成功离不开平时的积累。

刘德华刚出道时，曾被人批评不会唱歌。但是他没有失落更没有迟疑，开始拜师学艺，从练习发声开始一点一点学习唱歌，从五音不全到成功举办全球巡回演唱会，经历了外人很难了解的艰辛，才取得了今天的骄人成绩。演员彭于晏曾说：“我就是没有才华，所以拿命拼。”拍摄《翻滚吧，阿信》，他努力健身；拍摄《听说》，他努力学习手语；拍摄《湄公河行动》，他努力学习泰语。他拼命做到了最好的自己，成为极具影响力的影视明星。

如果说追光灯下是白色，追光灯后是黑色，那么黑色代表付出，努力，勤奋；白色代表自信，成功，坦然。台上与台下，成功是努力的最好见证。

与人交谈一次，往往比多年闭门劳作更能启发心智。思想必定在与人交往中产生，而在孤独中进行加工和表达。

——列夫·托尔斯泰

第七部分

播音主持类

01 我最喜欢的主持人

我最喜欢的主持人是江苏卫视的孟非。孟非在高考落榜后选择复读，但因为数理化成绩太差，无奈之下和同伴到深圳打工。仅有高中文凭的他被深圳残酷的现实打碎了美梦，在深圳做了一个月搬运工后，孟非选择回到南京，在一家印刷厂当印刷工人。他一边艰辛工作，一边通过成人高考的方式完成大学梦。到江苏电视台后，他从打杂做起，一步步开始学摄像、跑新闻、学剪辑，最终成为正式记者。由于长期劳累，孟非的头发开始大把大把往下掉，最后他索性剃成了光头。2002年，《南京零距离》节目开播，孟非公开竞选主持人成功。他一改传统新闻播音员的播报习惯，在节目中把民生新闻像拉家常一样告诉观众，把平时的思考和经历变成幽默、精到的即兴评点，获得了南京市民的喜爱。从2010年开始，孟非主持的《非诚勿扰》多次位居收视率榜首，从此，孟非被全国观众所熟知。

喜欢孟非，更因为他机智幽默、敢于说真话。一次，节目中有观众认为“在演艺圈，有颜值就一定会红”，孟非直言颜值不能放在个人能力前面，很多演员并没有颜值，却仍然可以很红，这些演员在背后付出了常人难以想象的辛劳与努力。这段视频在网上被很多人转发，他的犀利语言批判了娱乐圈整容风气，网友一片叫好。

孟非不断超越自我的打拼经历与朴实真诚的人格魅力，是我一直以来在众多主持人中最喜欢他的原因。

目光放远一点，你就不伤心了。

——林语堂

02 我对播音主持专业的理解

最近几年，艺术专业招生特别火热，尤其是我们正在学习的播音主持专业。据不完全统计，现在全国开设播音主持专业的院校达到三百五十多所。

火热的原因无非几点：一是最近这些年，我们国家的新闻传媒业，特别是新媒体行业得到了前所未有的高速发展，对播音主持人才的需求快速增加。二是播音员、主持人常在电视屏幕、公众场合抛头露面，让一些人觉得这个行业很“风光”。很多人错误地把本是新闻工作者的播音员主持人看成明星，为了能够“出名”而选择报考。三是播音主持专业属于艺术类专业，对文化课成绩的要求不是太高，一些学习成绩一般的学生，想把艺考当作上大学的跳板。

我认为学习播音主持专业不应追求外在的“光鲜亮丽”，而应该具备良好的文化素养，专业的语音发声技巧以及优雅大方的谈吐。因此，在学习的过程中，我们不能忽视对文化素养的提升，因为一个人的言谈举止是建立在他的文化底蕴上的。所以，要成为一名优秀的主持人，就要不断丰富自己的文化知识，认真备稿、勤查字典、关注时事、研究经典节目。

另外，学习播音主持专业要勤奋严谨且持之以恒。《新闻联播》播音员罗京老师在其播音生涯中，将字典翻得破旧不堪，这种精神使我深受启发。只有做到以上这几点，我们才能在播音主持实践中达到张颂教授所说的“有稿播音，锦上添花；无稿播音，出口成章”的境界。

03 主持人的外在美与内在美

爱美之心，人皆有之。但很多人往往只重视外表，而忽略了内心。其实，纯洁的心灵更美。我们中华民族素来崇尚心灵美。孔子说：“里仁为美。”孟子说：“充实之谓美。”荀子说：“形象虽恶而心术善，无害为君子也。”心灵美有多种表现形式，如尊老爱幼的善良美，贫贱不移的人格美，忧国忧民的伟大抱负美，视死如归的爱国主义之美，等等。我们如果想从事播音主持这样活跃在聚光灯下的职业，我认为，必须同时具备外在美与心灵美。

在广播电视行业中，主持人作为重要的传播者，也是连接受众最直接的桥梁。主持人就是一个电视节目甚至一个频道的形象代言人，也是节目中最积极、最能传情达意的主导人物。而观众对一个人的印象首先是以视觉为主的，主持人一亮相，要能抓住观众眼球，使观众有看节目的欲望，所以文雅的行为举止、生动的语言、端庄的整体形象这些外在美都很重要。

当然，心灵美也是不可忽视的。培根曾作过这样一个比喻：美德好比宝石，它在朴素背景的衬托下反而更显美丽。每一种美德都是出自善良的内心，它让人们肃然起敬。柴静的《看见》一书，是讲述她在中央电视台十年工作历程的自传性作品，其中记录了这十年全国最为重大的公共事件，如“非典”、两会、汶川地震、北京奥运、华南虎照片事件、药家鑫事件等。她在书中敞开自己的思考与内省的过程，当处于危及自身的环境时，她依然选择遵守自己的职业道德，心灵美为她赢得受众的尊重与掌声。

所以我认为，主持人应注重着装、化妆和发型设计，保持良好的体态，注重外在美。同时，注重气质的培养、自身学识的丰富。只有内在美与外在美高度融合，才能展现完美的电视节目主持人形象。

04 我最喜爱的新闻节目

我最喜爱的新闻节目是中央电视台的《新闻调查》。《新闻调查》是一档时长45分钟的深度新闻调查节目，每期都会针对一些热点话题或事件以记者调查采访的形式探寻事实真相。

记得有一期节目的主题是《失地之后》，通过一个个真实的故事，讲述了发生在贵州省贵阳市观山湖区一个村庄里，因为城市快速发展、原有的土地被占用，很多农民因为获得巨额赔偿款和多套房产而一夜暴富之后的故事。世世代代依靠土地生存的农民，因为原有农田被占用而没有了土地，很多人在城市中寻找

不管活到什么岁数，总有太多思索、烦恼与迷惘。一个人如果失去这些，安于现状，才是真正意义上的青春的完结。

——渡边淳一

不到自己的位置，无法与城市接轨。面对数百万元的巨额赔偿，很多人都不知道应该如何用这笔钱，便开始购买豪车、陷入赌博，甚至一次输掉20多万元，就这样把赔偿款全部花光，靠过渡费来维持生活。“一夜暴富”又“一夜返贫”。从农民到失地农民，原来征地拆迁之前和睦的村民关系也发生了很大的变化，甚至父子、兄弟之间因为钱而反目成仇。从农村到城市，失地农民面对的生活冲击远远超出人们的想象。这期节目让我真实地感受到，随着城市的快速发展，除了给失地农民家庭赔偿金外，还应加强职业培训与心理疏导，也更加深刻地认识到理财的重要性。

现在我们每天都会接触许许多多的新闻，同质化、低价值的新闻内容不仅浪费我们的时间精力，而且让我们缺乏独立的思考。《新闻调查》节目却二十几年如一日，始终坚持深度报道原则，还原事实本来面目，让我们能够在观看节目的过程中，对新闻事件有一个全面客观的认识。

05 学习播音主持专业的体会

转眼间，从接触到学习播音主持专业已经有近一年的时间了，其间，我深刻地体会到学习普通话的重要性。作为我国通用语言的普通话，是我们日常交流沟通的重要工具，尤其是对于学习播音主持专业的我们来说，说一口流利的普通话十分重要。真正接触规范的普通话是去年刚开始学习专业时，我逐渐明白，说好普通话并没有想象中那么简单，声母、韵母、调值、音变、轻声，很多细节都需要学习和注意。

我认为要想说好普通话，第一，要有一个热情积极的态度，学习普通话不是件轻而易举的事情，必须勤学苦练，每天坚持读字词、绕口令和文章。记得之前我听中央人民广播电台主持人字正腔圆的普通话，十分羡慕，问老师怎样可以做到和他们一样，老师说：“每天买一份报纸，从头读到尾，坚持下去。”可见勤学苦练的必要性。第二，学好声母、韵母、声调的基本理论，掌握发音部位和技巧，要知道，正确说好普通话，把字音发饱满，分清楚前后鼻音、平翘舌音等很重

人世间最大的幻象就是我们自以为可以控制一切，其实事实正好相反，我们什么都控制不了，只能好好享受每个当下。

——张德芬

要。对于发不准的音更要反复练习，直到发准确为止。第三，不要想当然，遇到不认识、读不准的字，要及时查字典，字典是最好的老师，没事的时候也要多翻看字典，注意一些多音字的意思与用法等。第四，多与他人交流，学习语言需要环境。人们在说话时，自以为还不错，但是旁人也许一听就能听出你的问题和不足，所以，平时多多交流，可以相互发现问题，巩固普通话练习效果，提高自己的专业水平。

通过播音主持专业的学习，我的普通话水平正在逐步提高。我相信，我一定会不断改变和进步，实现自己的播音主持梦想。

06 学艺先做人

很多企业都提倡“先做人，后做事”的理念，就是因为人首先要有好的品质，才能踏踏实实工作，才能赢得广泛认同，取得事业上的成功。在艺术领域，更需要学艺者懂得如何做人，才能在艺术创作上取得成就。艺术是一个人真性情的表达抒发，书法和美术界都有“字如其人”“人如其画”的说法，做人的品质与其艺术作品的品质是密切相关的，一个有社会责任、文化积淀、道德修养的艺术家，其他品往往也能受到社会认同。

梅兰芳是我国著名的京剧表演艺术大师，他深受广大群众尊重与喜爱，不仅仅是因为他在艺术上的辉煌成就，更因为他大义凛然的民族气节。抗日战争爆发后，日本侵略者想借梅兰芳收买人心，几次邀请他出场都遭到断然拒绝。面对侵略者的威胁，他甚至不顾生命安危，对疫苗过敏的自己连打三针伤寒预防针致使自己高烧不退，以病重为由拒绝邀请。举家搬到香港后，他担心日本人会来找他演戏，与妻子商量后，决心采取一项大胆举措：留蓄胡子，罢歌罢舞，不为日本人和卖国贼演出。大家都知道，梅兰芳在京剧舞台上从来都是扮演旦角的，一旦蓄须，便是宣告不再登台了。老奸巨猾的日本驻港部队司令猜到了梅兰芳蓄须的目的。但面对这样一位世界级的文化名人，这样一位同样受日本人喜爱的艺术家，他着实有些无奈。“卖艺不卖心”是一个艺术家的良心和气魄，也是梅兰芳对国家、对民族的大情大义，表现出一代艺术大师的铮铮铁骨。

德厚艺才高，艺术家只有做到德艺双馨，使高尚的人品和高超的艺品相得益彰，才能赢得人们发自内心的喜爱与尊重。

07 主持人的内在美

主持人需要有良好的形象，这里所说的形象不仅仅是指外貌，更指的是内在美。从长远来看，只有拥有内在美的主持人才会最终赢得受众的喜爱。

“腹有诗书气自华”，中央电视台节目主持人董卿在《中国诗词大会》《朗读者》等节目中所呈现的优雅的知识女性形象，就是内在美的直接体现。在节目中，她将中国传统文化的优雅之美内化于心，在她的语言中不仅有对书本知识的追求，还有对普通百姓生活的人文关怀。这种关怀就是书本之外的个人修养，也是构成主持人内在美的重要素质，这种素质来源于对社会日常生活的体察、热爱与感悟。

除了荧屏上的形象外，生活中的点滴行为也折射出主持人的内在修养。湖南卫视节目主持人汪涵，在节目之外出资百万保护方言的行动就赢得人们的称赞。而有一些主持人在节目上一个样，节目外又以另一种超越道德底线的形象出现；还有一些主持人以新奇、搞怪为自己的招牌，这些都不利于主持人内在美的养成。

一个主持人不仅要有书本知识的积累，还要注重日常行为习惯、道德的养成，最重要的是有正确的价值观，这些不是一蹴而就的，而是需要花费时间不断打磨。而作为正在播音主持学习路上追梦的我们，更要以优秀主持人为榜样，去丰富内心，提升自己的内在美。

一个人在家看电视并不算寂寞，苍白地坐在话不投机人群之中，才真正凄清。

——亦　舒

08 主持人的个性

作为一名主持人，需不需要个性呢？答案当然是肯定的。

宁静致远，以柔克刚，这是水的个性；倾吐芬芳，奉献自我，这是花的个性；崇尚自由，搏击天空，这是鸟的个性。主持人当然也需要有自己独特的个性，才能让节目在相似的题材中出类拔萃。

在播音员主持人群体中，白岩松是很有个性的。他从一个西北边远小城看不到希望的孩子，成长为一名家喻户晓并见证过无数重要时刻的新闻人，是梦想照亮了他前行的方向，更是个性塑造了他鲜明的主持风格。在前行的道路上，他时刻保持着平和的心态、自信的笑容，在《我的故事以及背后的中国梦》这一演讲中，他那智慧、幽默的演讲不仅展示了他的成长历程，更折射出中美关系40年间的深刻变化，向美国大学生展示出了中国人的人格魅力和中国节目主持人的个性风格。当有人问他如何从当初吐字不清的毛头小伙成长为著名主持人时，他笑着说："因为我很有信心，我认真地付出，不靠关系，不走后门，始终相信自己可以用汗水换来成功。"的确，他凭借踏实的努力、独立的思考、独到的见解，以及极富个性甚至犀利的语言方式表达，走出了一片属于自己的天地。这些品格成就了他作为主持人的独特个性。

所以，白岩松的个性是一种独立的品格，不趋同、不媚俗，这种品格赋予了他一种独特的个人魅力，使他成为中国播音员主持人这一职业群体的代表性人物。可见，主持人是需要有个性的。

好多年来，我曾有过一个"良好"的愿望：我对每个人都好，也希望每个人都对我好。只望有誉，不能有毁。最近我恍然大悟，那是根本不可能的。

——季羡林

附：即兴评述高频考点200个

1. 无志者常立志，有志者立长志
2. 志不强者智不达，言不信者行不果
3. 智者顺时而谋，愚者逆时而动
4. 岂能尽如人意，但求无愧我心
5. 远方的风景
6. 竞争
7. 志存高远
8. 人生的低谷
9. 成才与努力
10. 奇迹
11. 谁不夸咱家乡美
12. 居安思危
13. 拥抱大自然
14. 难忘的一次旅行
15. 你幸福吗?
16. 但行好事，莫问前程
17. 直面错误
18. 知之者不如好之者，好之者不如乐之者
19. 假如我是校长
20. 经典
21. 为自己喝彩
22. 最想去的地方
23. 质朴
24. 红灯与绿灯
25. 捷径
26. 尺度
27. 真实的自我
28. 机遇
29. 梦想与现实
30. 面子与里子
31. 跬步与千里
32. 感性与理性
33. 机遇总留给有准备的人
34. 信仰
35. 我的择友观
36. 勇气
37. 快乐的源泉
38. 创新

你知道人类最大的武器是什么吗？是豁出去的决心。

——伊坂幸太郎

39. 网络对学习的影响
40. 给梦想一片自由的天空
41. 有梦就去实现
42. 我与电视
43. 凡事预则立，不预则废
44. 人生的绊脚石
45. 时间都去哪儿了
46. 墙内开花墙外香
47. 智者嘴在心，愚者心在嘴
48. 一屋不扫，何以扫天下
49. 学历与能力
50. 不以利害移操守
51. 捍卫常识
52. 我家的年夜饭
53. 行动胜于一切
54. 近朱者赤，近墨者黑
55. 童年的记忆
56. 律人不如律己
57. 我看“人肉搜索”
58. 高考状元，该遗忘还是热捧?
59. 精准扶贫
60. 润物细无声
61. 法治中国
62. 扬长避短
63. 严于律己，宽以待人
64. 静待花开
65. 超越自我
66. 自己的力量
67. 执着追求，成就梦想
68. 专注的力量
69. 再来一次
70. 学会克制
71. 放下心灵的包袱
72. 所有的弯路都是直路
73. 他人的眼光
74. 生活的点滴
75. 人生的不完美
76. 快乐的真谛
77. 人格无尊卑
78. 为自己加油
79. 集体的力量
80. 竞争让自己强大
81. 既要埋头拉车，又要抬头看路
82. 时间的考验
83. 知不足然后能自反
84. 成功的背后
85. 年轻无极限
86. 不忘初心，方得始终
87. 心怀希望
88. 物质与幸福
89. 人不是金钱，没法让任何人都喜欢
90. 实事求是
91. 于无声处听惊雷
92. 理解万岁
93. 大道至简
94. 不自由，毋宁死

从以前到现在，我都很羡慕、敬佩那些会交际、会应酬的人，一直学不会或不自在，常让自己很自责。现在想想，好像这样也还不坏，至少比在人群散尽、灯光黯淡、杯盘狼藉的时刻，发现现场只剩一个疲惫、孤单、空虚的自己好多了。

——吴念真

95. 小赢靠智，大赢靠德
96. 海纳百川，有容则大
97. 喝水不忘挖井人
98. 站在远处，才见风景
99. 工匠精神
100. 世界那么大，我想去看看
101. 给自己定一个小目标
102. 有则改之，无则加勉
103. 遇顺境处之淡然，遇逆境处之泰然
104. 黑发不知勤学早，白首方悔读书迟
105. 大爱无言
106. 知人者智，自知者明
107. 吃一堑，长一智
108. 不入虎穴，焉得虎子
109. 千里之行，始于足下
110. 人不可貌相，海水不可斗量
111. 历览前贤国与家，成由勤俭败由奢
112. 静以修身，俭以养德
113. 爱拼才会赢
114. 知识就是力量
115. 欲速则不达
116. 行百里者半九十
117. 腹有诗书气自华
118. 言之无文，行而不远
119. 吃得苦中苦，方为人上人
120. 三人行必有我师
121. 满招损，谦受益
122. 宁为玉碎，不为瓦全
123. 分数决定命运吗?
124. 我最喜欢的一门课程
125. 我期待的大学生活
126. 成长的烦恼
127. 我看“陪读”现象
128. 校园暴力现象
129. 校园攀比现象
130. 名师出高徒
131. 广交朋友的利弊
132. 如何看待全面发展
133. 如何看待主持人明星化现象
134. 如何看待“草根文化”
135. 我看“抗日神剧”
136. 我看“卖萌”
137. 明星
138. 洋节的思考
139. 我看“选美”
140. 我看“虎妈”教育方式
141. “朋友圈”时代
142. 如何看待明星豪华婚礼
143. 电视真人秀节目
144. 我看新媒体
145. 实体书店倒闭潮
146. 超越自己
147. 迈开腿，管住嘴
148. 父母是孩子最好的老师
149. 最喜欢的运动
150. 梁祝的幻想

不管全世界所有人怎么说，我都认为自己的感受才是正确的。无论别人怎么看，我绝不打乱自己的节奏。喜欢的事自然可以坚持，不喜欢的怎么也长久不了。

——村上春树

151. 节约创造价值
152. 善意的谎言
153. 接地气
154. 谈谈“丁克家族”现象
155. 我的梦，中国梦
156. 勿忘国耻
157. 互联网+
158. 大众创新，万众创业
159. “一带一路”
160. 实干兴邦，空谈误国
161. 中国制造与中国创造
163. 贫富差距
163. 国家公祭日
164. 名人故里之争
165. 网络反腐
166. 完美
167. 谈友情
168. 说小论大
169. 自信与自负
170. 浮华与朴素
171. 谋事与成事
172. 微笑是最美的语言
173. 自然就是美
174. 皇帝的女儿不愁嫁
175. 成长的代价
176. 难得糊涂
177. 笨鸟先飞
178. 时间让人与众不同
179. 道德绑架
180. 模仿与自我
181. 后来者未必居上
182. 等待
183. 信心源自内心的自信
184. 不为名利所累
185. 向权威说不
186. 有爱就有责任
187. 节约无小事
188. 如何看待全民养生热
189. 自弃者扶不起，自强者击不倒
190. 感悟生命
191. 走出父母的保护伞
192. 不和别人比幸运，只和别人比执着
193. 帮助别人就是帮助自己
194. 不为失败找理由
195. 一诺千金
196. 以诚感人者，人亦诚而应
197. 人最难超越的就是自己
198. 沟通才能理解
199. 忍让不是吃亏
200. 畅想十年后的家乡

你每天起床之前有两个选择，要么继续趴下做你没有做完的梦，要么拉开被子完成你没有完成的梦想。

——杰森·斯坦森

后 记

对于大多数播音主持艺考生来说，专业考试中的自备稿件、指定稿件等有文字稿件依托的项目在考前往往能信心十足，但面对即兴评述、模拟主持等没有文字稿件依托的项目却不免手忙脚乱，仓促应战。

即兴评述环节要求考生抽到题目进行短暂准备（一般为上一位考生的考试时长）后，对所抽取题目进行2分钟左右的评述。生活中，人们说话的平均语速为每分钟240—260字，也就是说考生需要在2分钟时间内完成大约500字的即兴口头评述，而且还要面对主考老师做到言之有情、言之有物、言之有理。这对面试经验不足的中学生来说无疑是“戴着镣铐的舞蹈”。

为帮助广大考生解决即兴评述“无米下炊”及“有口难言”的问题，我们编写了这本《即兴评述高分范例》。书中所选话题丰富充实、视野开阔，贴近命题方向与热点，贴近时代特征与社会现实，贴近高中生的思想和语言表达实际，且均为近年来各高校及省级统考面试中出现频率较高的话题。在编写过程中，我们根据命题的特点及规律，对范例进行了详细整理并分类整合为名言警句类、修养感悟类、校园生活类、时事热点类、社会生活类、文化娱乐类、播音主持类等七个板块，并附有200个高频考点话题供考生练习。同时，在每个页面下方还设置了“微言拾贝”板块，充分满足考生的学习与备考需求。希望考生朋友在阅读这些话题范例时，能明确备考的主题与方向，掌握方法与技巧，在借鉴的基础上融汇于自己的评述之中。

一个懂得爱的人，知道有时妥协是为了更好地沟通，所以他宁可扮演输家，也不会去打败自己的爱人。

——曾雅娴

本书顺利付梓，离不开中国传媒大学出版社赵欣、张笛、高卓毓三位老师付出的辛勤劳动与悉心指导。在本书的组稿、校对过程中，何宇涵、赵妍、李雅劼、朱琳、黄晶晶等同学付出了大量时间与精力，在此表示感谢。

书中的一些评述事例及观点援引自公开出版物及网络，未能逐一探明原始出处，在此谨对原作者表示诚挚的谢意，同时也希望原作者见书后与我们联系稿酬事宜。

衷心希望本书能打通你即兴评述的“任督二脉”，让备考更高效，让评述更精彩。

编 者

2019年1月

不要害怕拒绝他人，如果自己的理由出于正当。当一个人开口提出要求的时候，他的心里根本预备好了两种答案。所以，给他任何一个其中的答案，都是意料中的。

——三 毛

图书在版编目(CIP)数据

即兴评述高分范例/李俊文等编著. --北京:中国传媒大学出版社,2019.3(2024.11 重印)
(播音主持专业考前辅导丛书)
ISBN 978-7-5657-2462-6

Ⅰ. 即… Ⅱ. ①李… Ⅲ. ①播音—语言艺术—高等学校—入学考试—自学参考资料
②主持人—语言艺术—高等学校—入学考试—自学参考资料 Ⅳ. G222.2

中国版本图书馆 CIP 数据核字(2019)第 034478 号

即兴评述高分范例
JIXING PINGSHU GAOFEN FANLI

编　　著 李俊文 田园曲 曾 毅 杨 兵
策划编辑 赵 欣
责任编辑 张 笛
特约编辑 高卓毓
封面设计 拓美设计
责任印制 李志鹏

出版发行 中国传媒大学出版社
社　　址 北京市朝阳区定福庄东街 1 号　　**邮　　编** 100024
电　　话 86-10-65450532 65450528　　**传　　真** 65779405
网　　址 http://cucp.cuc.edu.cn
经　　销 全国新华书店

印　　刷 北京中科印刷有限公司
开　　本 787mm × 1092mm 1/16
印　　张 14.25
字　　数 265 千字
版　　次 2019 年 3 月第 1 版
印　　次 2024 年 11月第 5 次印刷

书　　号 ISBN 978-7-5657-2462-6/G · 2462　　**定　　价** 45.00 元

本社法律顾问:北京嘉润律师事务所 郭建平